未读 ᴬ二DR | 艺术家

UNREAD

梵高 VAN GOGH'S
手稿 LETTERS
The Mind of the Artist
in Paintings, Drawings, and Words,
1875-1890

PARIS
FRANCE
Apr 25 — A — 6AM 1889

[美] H. 安娜·苏（H. Anna Suh）_ 编　　57°N 艺术小组 _ 译

北京联合出版公司
Beijing United Publishing Co.,Ltd.

Hartelijk gegroet & het beste u
toegewenscht. Adieu

Vincent

Londen April 1875

Waarde Theo,

Hierby stuur ik u eene kleine
teekening. Ik maakte die verl.
Zondag, den morgen waarop
een dochtertje (13 jaar) van mijne
landlady stierf.
't Is een gezicht op Streatham
Common, eene groote vlakte met gras beweide
met eikeboomen & brem.
't Had s'nachts geregend & de grond
was hier & daar drasjig & 't jonge
lentegras frisch & groen.
Zooals ge ziet is 't er gekrabbeld
op het titelblad van de „Poésies
d'Edmond Roche. —
Daar zyn mooie by .Dernstige

Sept 151

Waarde Theo,

Daar er weder een brief naar U toegaat zoo sluit ik een woordje in
Van harte hoop ik dat gij het goed maakt & eens een half uurtje
zult kunnen vinden om my weer eens te schryven.

Ik wil U nu nog zeggen wat ik heb uitgevoerd sedert ik U het laatst
geschreven heb.
Vooreerst twee groote teekeningen (kryt als of wat sepia) van
Knotwilgen zoo ongeveer als onderstaand schetsje.

Verder een dito maar in de hoogte van de teursche weg
Dan heb ik weer een paar keer model gehad spitter en
mandemaker.
En dan heb ik van oom Cent verl. week een verfdoos gekregen
die vry goed is zeker goed genoeg om mee te beginnen
(de verf is van Paillard) En daar ben ik zeer bly mede.

Nu heb ik dadelyk eens beproefd een soort aquarel te
maken als bovenstaand motief.

目

录

引言

对于许多人来说，文森特·梵高（1853—1890）完美诠释了什么是疯狂的天才艺术家。他因精神失常，割掉了自己的耳朵，本身就充满了传奇色彩，并助长了认为他如同荒野孤魂的观点——原始的冲动驱使着他，不可名状的恶魔纠缠着他。

说实话，文森特的一生的确过得很艰难。对世俗的憎恶，造就了他无可复制的艺术语言（尽管被后世竞相效仿），却也使他疏远了亲朋好友。频繁的精神崩溃困扰着他生命的最后几年，其中有情感问题的影响，但更有可能是因为癫痫病发作，或许年轻时染上的性病余威犹在，也加重了这种情况。情场失意的他，对数段情感纠葛做出的抉择都出奇地失败，最终只能接受做个单身汉的命运。三十七岁时，由于作品不被认可，长期与成功无缘，文森特的精神到了崩溃的边缘，最终持枪自残，不治而亡。

然而，梵高又是一个善于思考又富有智慧的人，能用三种语言雄辩而有力地表达自己。幸亏他的弟弟提奥·梵高[1] 和提奥的妻子约翰娜[2] 保存了完整的往来信件，我们才得以了解梵高。通过这几百封信，我们能重塑出这个艺术家的形象，他的作品在他活着时一文不名，但到了今日却成了无价之宝。

与弟弟的关系对梵高有着非同寻常的意义，这在信件中显露无遗。他的信件绝大多数是写给提奥这个巴黎艺术商人的。尽管提奥从没真正帮这位兄长销售过任何作品，但确实介绍不善社交的文森特认识过一些艺术家。此外，提奥的金钱支持为文森特提供了颜料和画布。事实上，

几乎写给提奥的每一封信里，都有要钱或确认收到近期汇款的内容。对于这位屡受困扰的兄长，提奥不懈的精神支持成了他生命的支柱。然而，文森特也不是一个被动的依赖者，相反，在信件中我们发现，和弟弟谈论个人和思想问题时，他始终是一个积极的对话者。

虽然梵高深谙文学和艺术史，但作为一个艺术家，他主要是自学成才，而且，从他早期的作品看，他并不算天赋异禀。他在人生最后几年爆发出的旺盛创造力——很多知名的作品创作于此间——要与之前他经历的诸多挣扎联系起来，才能被更好地理解。这些挣扎被事无巨细地记录在了信中，也从侧面体现了他为什么会对人物造型、透视等绘画技法有着固执的追求。

同时，书信中也记录了他绘画理念的进化过程。梵高对当时艺术名家作品的解读，比如米勒[3] 和德拉克洛瓦[4]，表现了他独到、敏锐的观察力，而不是疯子的胡言乱语。而在他身上，艺术上的成熟又总是与那些卑微职业所激发的强烈职业道德感并存。"画家就得努力工作，像鞋匠那样"；"我还是孜孜不倦地在我的画布上耕耘，就像他们在自己的土地上耕耘一样"。

本书中节录的信件，无论是表现他彷徨思索与脾气暴戾，还是热情洋溢和哀痛欲绝，都旨在尽可能全面地重塑这位标志性艺术家的人生奥德赛。这些出自梵高之手的文字，配上他的画作，更为公正地诠释了他作品中的热情和愉悦，也纠正了他在大众眼中长久以来的"疯狂"形象。

1　提奥 · 梵高（Theo van Gogh, 1857—1891），文森特·梵高的弟弟，艺术商人。

2　约翰娜 · 梵高－邦格（Johanna Gezina van Gogh-Bonger, 1862—1925），亦被称作乔（Jo），提奥·梵高的妻子，艺术商人。

3　让－弗朗索瓦 · 米勒（Jean-François Millet, 1814—1875），法国巴比松派画家，以乡村风俗画中感人的人性在法国画坛闻名，是法国最伟大的田园画家之一。

4　欧仁 · 德拉克洛瓦（Eugène Delacroix, 1798—1863），法国著名浪漫主义画家。

编者说明 _

除非另外说明或标注，从本书中摘录的信件均是写给提奥的。

大部分信件都未注明日期，估计的时间备注于括号中。

本书编号系统与梵高的弟妹约翰娜·梵高－邦格编辑的版本相一致（见参考书目）。

信件的影印图片和所附画作，都以信件编号为准，文中提及的画作以星号（※）标记。

I

1875 — 1881

文森特 · 梵高直到二十五六岁时才找到他的人生使命——成为一名艺术家。此前，他涉足过艺术品买卖，还做过老师和各类神职。但即便是早期的信件，也能揭示出某些贯穿他一生的个性特征。

其中最突出的一点，是他总能在风景和自然中寻得心灵的慰藉和创作的灵感。他的信，无论寄自伦敦、海牙，还是欧洲北部，都充满了对周围环境诗情画意的描绘。在他的创作初期，这种田园牧歌般的情愫和虔诚的信仰结合在了一起（他父亲是一位牧师）。虽然文森特最终放弃了他的宗教信仰，但对自然的热爱却丝毫未减。

青年时期，他的另一兴趣点是长期着迷于描绘乡村生活和体力劳动者。在比利时的矿区博里纳日，他短暂而尴尬地担任过传教士，速写下了矿工的日常生活场景；这些画作也是他辛酸地讲述矿工艰苦生活的最好注解。事实上，正是在此期间，他对神学的兴趣逐渐转向成为艺术家的雄心。

在梵高的一生中，尽管作品风格几经变化，但他却始终受到同一艺术风格的显著影响。特别值得一提的，是他对法国艺术家让－弗朗索瓦·米勒的敬仰之情，在他早期的信件和草图中以及他去世前几年成就最高的作品中，都有流露。米勒对农村生活深情而庄严的描绘，对梵高产生了巨大的影响。

最后，我们还能在他最早期的书信中，看到他和弟弟提奥之间的情谊。自从宣布成为艺术家之后，梵高几乎完全仰赖提奥对他的忠实支持。这份兄弟情谊，是梵高一生中意义最为重大的亲情关系，是他情感、思想和经济上的支柱，其重要程度无以复加。

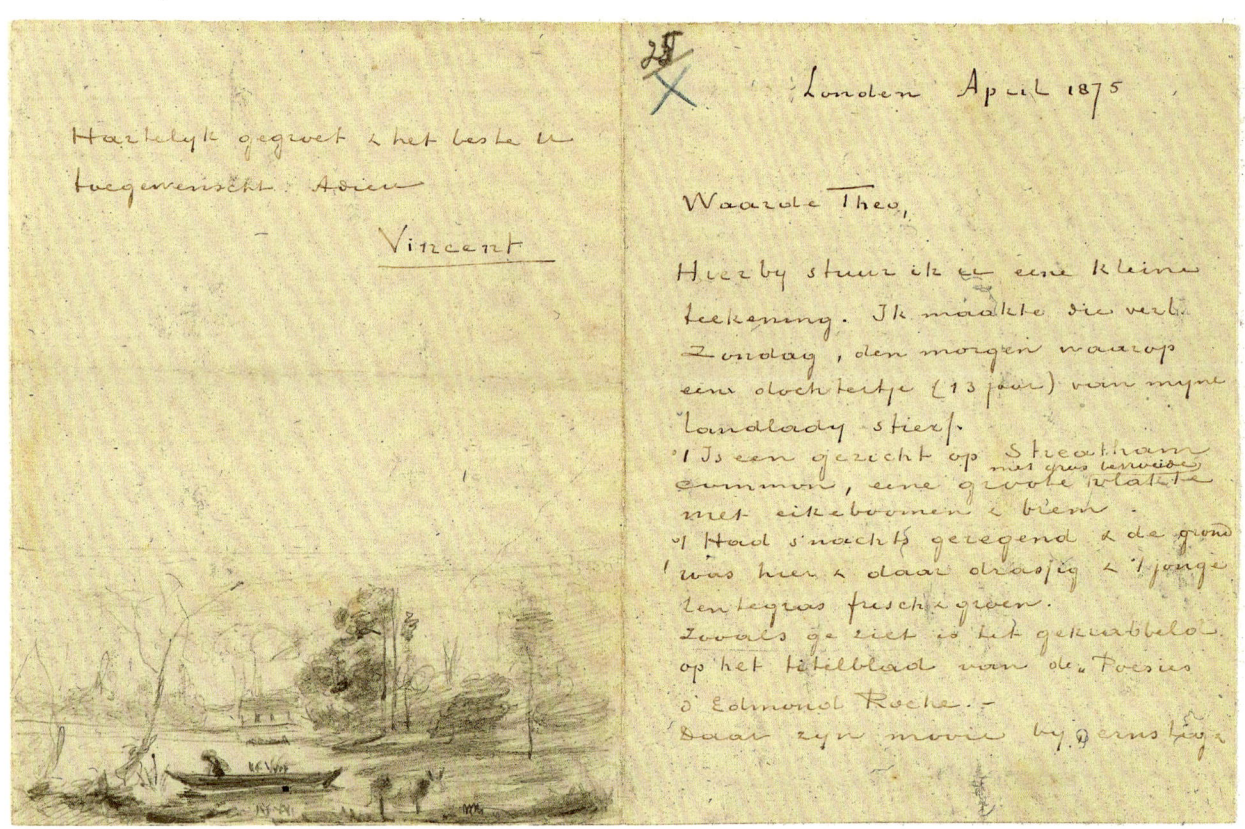

No.25

1875年4月18日 | 伦敦 | No. 25

附上我的一幅小画，画于上周日，那天早上，房东太太的小女儿死了（她才十三岁）。我画的是斯特里汉姆公共绿地[1]，一大片草木丰茂的绿地，橡树围绕，鲜花丛生。前一天夜里一直下雨，土地都湿透了，春天的嫩草清新鲜绿。

—

1876年4月21日 | 拉姆斯盖特[2] | No. 62

我真希望你也能看到学校窗外的风景。学校的房子坐落于一个广场（周围所有的房子看上去都一样，在这儿是司空见惯的事）。广场的中间是一大片草地，四周围着铁栅栏和丁香花丛，午休时，孩子们都在那儿玩耍。我所住房间的那幢房子，也在这个广场。

—

1876年5月31日 | 拉姆斯盖特 | No. 67

这个小素描画的是从学校窗户望出去的景色，男孩们时常站在窗边，目送来探望他们的父母离开去车站。他们中一定有很多人对此情此景念念不忘。这儿一周来阴雨连绵，特别是在黄昏时路灯亮起来，灯光在湿漉漉的路面上闪烁，你真该来看看。那阵子，斯多克斯先生[3]时常发脾气，如果白天男孩们太吵，那他们晚饭时就领不到面包和茶了。

1　斯特里汉姆公共绿地（Streatham Common），英国伦敦南部边缘的一大片空地，为当地的自然保护区。
2　拉姆斯盖特（Ramsgate），英国东肯特郡萨尼特区的一座海滨小镇。
3　斯多克斯先生（Mr.Stokes），为梵高所在学校的教师和校监。

No.67

No.67
皇家路风景，
拉姆斯盖特
View of Royal Road,
Ramsgate

het kon ligt gebeuren dat Gij ook nog eens te
Parijs komt. 's avonds half 11 was ik weer hier
terug, ik ging gedeeltelijk met de undergroun
railway terug. — Gelukkig had ik wat geld binnen
gekregen voor Mr Jones. Ben bezig aan Ps. 42:1
Mijne ziel dorst naar God, naar den levenden God
Te Petersham zei ik tot de gemeente dat zij slecht
Engelsch zouden hooren, maar dat als ik sprak
ik dacht aan den man in de gelijkenis die
zei „ heb geduld met mij en ik zal u alles
betalen" God helpe mij. —   of liever schets
By Mr Obach zag ik het schilderij van
Boughton: the pelgrimsprogress. — Als Gij ooit
eens kunt krijgen Bunyan's Pelgrimspro-
gress het is zeer de moeite waard om dat
te lezen. Ik voor mij houd er zielsveel van.
Het is in den nacht ik zit nog wat te werken
van de Gladwell's te Lewisham, een en ander over
te schrijven enz, men moet het ijzer smeden als
het heet is en het hart des menschen als het is
brandende in ons. — Morgen weer naar Londen
voor Mr Jones. Onder dat vers van The journey of life
en the three little chairs zou men nog moeten
schrijven: Om in de bedeeling van de volheid der
tijden wederom alles tot één te vergaderen in
Christus, beide dat in den Hemel is en dat op aarde
is. — Zoo zij het. — een handdruk in gedachten
groet de Hr en Mevr. Tersteeg van mij en allen bij Roos
en Haanebeek en v Stockum en Mauve, à Dieu en
                                        geloof mij
                                   uwen liefh. broer
                                        Vincent

Petersham   Turnham Green

那时你就能看到，他们站在窗户旁边向外张望的可怜样子。他们每天唯一的指望就是食物和茶水，靠着这点儿补给挨过一天又一天。我也很想叫你看看他们走下阴暗的楼梯，穿过走廊走到餐桌边的样子。那里照耀着友谊的阳光。这里的洗漱间也很特别，地板已经朽掉，里面有六个水池，男孩们就在那里洗漱，昏暗的光线从破碎的玻璃窗投射进来，落在盥洗台上，这也是相当令人感伤的场景。我真想一个冬天都跟他们待在这里，要是那样，我就能真正体会到他们的感受了。男孩们把油渍弄到了寄给你的画上，你要原谅他们啊。

—

1876年11月25日 ｜ 艾尔沃思[4] ｜ No. 82

上周日晚上，我在泰晤士河畔彼得舍姆[5]的一个小村子里。那天早晨，我在特楠格林的主日学校[6]，太阳落山之时又赶到里士满，然后去了彼得舍姆。天黑得很早，我又不认识路。那段路可真是泥泞，路旁长满了疙疙瘩瘩的榆树和灌木丛，穿过一片土堤和山坡，终于看到了山坡下面一所透着灯光的小房子，我就跌跌撞撞地赶过去问路。但是没想到，原来在那条漆黑的路尽头，是那座漂亮的木制小教堂，透着温和的灯光。在那儿，我为他们诵读了《圣经》章节：《使徒行传Ⅴ：14—16》和《使徒行传ⅩⅡ：5—17》中彼得出监的故事，然后又讲了约翰和泰亚根尼[7]的事迹。一个从寄宿学校来的年轻女人在教堂里弹奏了簧风琴，她的学生也都在场倾听。

早晨去特楠格林的路上真是漂亮，栗树、晨曦和明亮的蓝天，映照在泰晤上河上，草格外地绿，周围回荡着教堂的钟声。

—

1877年4月16日 ｜ 埃滕[8] ｜ No. 92

天色已晚。今天下午出去散步了，因为我觉得必须出去透透气，先去了大教堂，然后是新教堂，之后又登上了堤坝，那儿有很多风车，沿着铁路走，从很远就可以看到它们。这独特的风景和环境意境深远，似乎在对我说："打起精神，不要害怕。"

—

1878年7月22日 ｜ 埃滕 ｜ No. 123

科尔[9]正在休假，今天早上，我和他又去了长着石南的荒地和松树林，过了磨坊之后再走一段路就到了。我们给他的兔子采了很多欧石南，这显然是它们最喜欢的食物，还采了一些其他的东西，装了一整篮子。我们在松树林坐了一会儿，一起画了一幅埃滕和周围地区的地图，包括布莱斯堡、斯布隆德尔、特黑克和霍温。

我常常想念你，很高兴你在那边一切都好，还找到了让你眼前一亮的作品，艺术真的是滋养现实生命的必需品。因为这是真正的艺术，是用心性和灵魂加上才智创造出来的作品，就像那些你知道或可能亲眼见过的艺术家，对他们来说，文字和作品就是他们的生命与灵魂。

4　艾尔沃思（Isleworth），伦敦附近的小镇，梵高先后在此任职教师、乡村牧师。

5　彼得舍姆（Petersham），伦敦附近的小镇，位于泰晤士河东岸，属里士满区。

6　主日学校（Sunday school），也叫星期日学校。英美等国在星期日为贫民开办的初等教育机构，兴起于18世纪末，盛行于19世纪上半期。

7　约翰和泰亚根尼：早期基督教故事，使徒约翰警示以弗所的主教要留意年轻的泰亚根尼，主教没有太在意，泰亚根尼后来成为一伙强盗的头领。之后约翰让泰亚根尼忏悔，并成为一个敬畏上帝的人。

8　埃滕（Etten），荷兰城市，梵高曾在此学神学。

9　科尔（Cor），是科利留斯的昵称，梵高的弟弟，生于1867年。——原注

No.92

1878年11月15日 | 拉肯[10] | No. 126

随信附上我之前提到的素描《煤商咖啡馆》。我打算画一些草稿，关于我身边形形色色的人和事，但鉴于这可能会影响我创作真正的作品，还是先不要开始了。我一到家就要开始布道：《路加福音VIII：6—9》，"不结果的无花果树"。

这幅小素描《煤商咖啡馆》没什么特别，但我一定要画出来的原因是，你在这里能看到很多这样的人，他们在煤矿工作，人也都很古怪。这个小房子靠近马车道，实际上是个矿区旁的小酒馆，矿工们吃饭时会去那儿吃点面包，喝杯啤酒。

1879年8月5日 | 奎姆[11] | No. 131

如果你有时间过来待上一天或一段时间，我会非常高兴。

我会给你看更多关于当地人的画，倒不是说这些人值得你坐火车远道而来，而是当地不寻常的风土人情会吸引你，这里的一切都是那么生动鲜活。

我最近去了多米尼·皮特森神父[12]的工作室，他的画属于史佛奥特[13]或者霍普布鲁威尔斯[14]的风格，他很懂艺术。

他要了我的一张素描，画的是典型的矿工形象。

最近常常画到深夜，画下了一些有纪念意义的人和物，

10　拉肯（Laeken），比利时布鲁塞尔城市西北的郊区，梵高在此学习传教。
11　奎姆（Cuesmes），比利时蒙斯镇的一个村庄。
12　多米尼·皮特森神父（Dominie Pietersen），梵高学神学的时候所在学校的教师。
13　安德烈·史佛奥特（Andreas Schelfhout，1787—1870），荷兰画家，以风景画著称。
14　霍普布鲁威尔斯（Johannes Franciscus Hoppenbrouwers，1819—1866），荷兰画家，擅长风景画。

我在初次看到他们时就很受触动，画下来更加深了印象。

—

1880年7月 | No.133

换羽期对于鸟儿来说，就像我们人类面对逆境或者不幸一样，是痛苦的时期。你可以选择停留在痛苦中，也可以由此脱胎换骨，重新做人。但是，这并不是一件值得张扬的事，也不是一件可以调侃的事，正因如此，你才需要藏起来。好，那就这样吧。

如果你能体谅一个人献身于绘画研究，就要理解热爱读书和热爱伦勃朗[15]一样神圣，我甚至认为这两种热爱相辅相成。

所以你追求的是什么？人的外表是否能反映他的内涵？人的灵魂里都有一团火，却没有人去那儿取暖，路过的人只能看到烟囱上的淡淡青烟，然后继续赶他们的路。

那我们要做什么？给心中的火添柴，"你们里头应当有盐[16]"，不管多焦躁，也要耐心地等待，等到有人想要来访，在火边坐下来——待在那里，我怎会知道？任何信仰上帝的人都能等到这一刻到来，或早或晚。

眼下我似乎事事不顺，而且这样已经很长一段时间了，或许还会持续下去，但也有可能否极泰来。我并不指望这样，可如果真有转机，我认为这是莫大的收获，我会很高兴，会说："果然不出所料，这一天终于来了！"

我就这样随意写下涌到笔尖的东西。

如果你不把我看成那种游手好闲之人，我会非常高兴。即使游手好闲者也有不同的类型，有种人因为懒惰、卑劣、缺乏个性而碌碌无为。如果你愿意，可以把我看作这类人。

也有另一种人，尽管他们的内心被强大的渴望所驱使，但现实不可改变，他们无能为力，就像被囚禁了一样，所处的环境缺乏创造所需的土壤，使他们无所作为。这样的人不是总能确定自己要做什么，但是他本能地感到：尽管如此，我必然有擅长的事情，我必有存在的意义！我知道我会成为一个不同的人！只是我如何能成为有用之人？应该怎么做？是金子就一定会发光，但我身上能闪光的特质又是什么？

这是意义完全不同的游手好闲，如果你愿意，也可以把我看成这类人。

春天的时候，笼子里的鸟儿跃跃欲试，它知道自己生来擅长某事，也强烈地想要去做，但又无法做到。是什么？它却无从知晓，只是模模糊糊地感觉到，"其他的鸟儿都在筑巢，孵化、哺育雏鸟"。于是它用头去撞笼子，笼子完好无损，它却因悲伤而发狂。

"真是个懒骨头！"另一只经过的鸟儿说，"它活得真舒服。"被囚禁的鸟儿没有死掉，它活下来了，心里想什么从不外露。它恢复了健康，阳光和暖的时候，它多少会开心一会儿。然后迁徙季节到了，它心中又一阵悲凉，"但是，"照看它的孩子们说，"所有的必需品，笼子里都有呀。"但对它而言，这个"都有"只能意味着望着外面酝酿暴风雨的低沉天空，心里升起对命运的反抗："我在笼子里，在笼子里，所以我什么都不缺，蠢货！我有一切我需要的东西！哦，看在上帝的分儿上，给我自由吧，像其他的鸟儿一样。"

那个游手好闲的人，就像这只无奈的鸟儿一样。

人们也常面临着无能为力的情况，如同被困在这样令

---

15 伦勃朗·哈尔曼松·凡·莱因（Rembrandt Harmenszoon van Rijn，1606—1669），荷兰巴洛克艺术的杰出代表，17世纪荷兰画派的主要人物，被称为荷兰历史上最伟大的画家。

16 出自《圣经·马可福音》："盐本是好的，若失了味，可用什么叫它再咸呢？你们里头应当有盐，彼此和睦。"

人恐惧的笼子里。

我当然知道会有解脱之时，最终的解脱。是什么把人变成囚徒？是因揭发或造谣而败坏的声誉，是尴尬之情，是不安之境，是不幸之事。人并不是总能知道什么囚禁了他，什么样的墙把他隔绝，或者什么把他活埋，但是总能感觉到那些像闩条、像笼子、像墙一样的东西无处不在。

所有这些都是想象抑或幻觉吗？我觉得不是。于是我扪心自问：我的上帝，这种境况是长久的吗？是永远的吗？还是永恒不变的？

你知道什么能让这无形的囚牢消失吗？是每一种深刻而真实的爱。是朋友之谊，是手足之义，是情人之爱，正是爱至高无上的力量才能打破这无形的囚牢。没有爱的人，毫无生活可言。

情义被唤起之处，生命得以重生。

有时候，这个囚牢也会以别的名字出现，比如偏见，或误解，或对这或那的致命无知，或不信任，或假意的羞耻。

—

1880年8月20日 │ 奎姆 │ No. 134

我画了一些矿工的草图，有男有女。早晨的时候，他们沿着荆棘篱笆旁的小路，踏着雪步行去矿井，他们的身影在熹微的光线中隐隐可见。背后的煤矿建筑和矿井轮子的模糊线条，在天空的衬托下显得非常醒目。

我把这幅素描寄给你，你一看就明白了。我深感去学习大师们的人物画法的必要性，比如米勒、布雷东、布里翁、鲍顿[17]等。你认为他们的素描怎么样？我这个主意怎么样？

我本该画得更好，但有些细节我还是没处理好。有一幅画，画中人物大概有十厘米高。人物下面的阴影表示矿工走在回家的路上。但是正如你看到的，不太成功。因为人物的棕色轮廓在落日余晖下的效果太难画了。

—

1880年9月7日 │ 奎姆 │ No. 135

这段时间我经常在没有任何进步的情况下随意乱画，但是最近情况略有好转。我相信这种好的状态会持续，尤其是你和特斯蒂格先生[18]的建议，让我找到了好的模特。我认为目前临摹一些好的作品比毫无根据地一味乱画要好得多。

可我现在还是忍不住想在一个相对大的规模上画这些矿工，画他们去矿井，就像我寄给你的那些潦草速写，只不过略微改变了一些人物构图。我期待临摹完巴尔格[19]的其他两组画之后，就能去画男矿工或者女运煤工的人物写生，如此一来，只要遇到有特点的模特就可以画了，也算是就地取材。

如果你还有关于米歇尔蚀刻版画的书[20]，方便的话，可以借我一用，不过不着急。眼下我有很多想画的，但是我想再温习一下这些乡村风景画，现在我对艺术的理解跟刚开始画画的时候不一样了。

希望你不会对这些米勒作品的版画[21]失望，这些小版画真的不错。

非常感谢你寄给我所有你能找到的米勒的作品，它们对我有莫大的帮助。关于《播种者》，我已经临摹了五次，两幅小的、三幅大的，我还会再画一次，我对这组人物形象简直太着迷了。

---

17 朱尔斯·布雷东（Jules Breton, 1827—1906），法国艺术家、诗人，以田园风光画出名。古斯塔夫·布里翁（Gustave Brion, 1824—1877），法国艺术家。乔治·亨利·鲍顿（George Henry Boughton, 1833—1905），美国艺术家，以风景画和风俗画见长。

18 特斯蒂格（Hermanns Gijsbertus Tersteeg, 1845—1927），荷兰海牙市的一个艺术商店经理，梵高曾在此短暂工作过。

19 查尔斯·巴尔格（Charles Bargue, 1826/1827—1883），法国艺术家。

20 乔治·米歇尔（Georges Michel, 1763—1843），法国艺术家，巴比松画派先驱。梵高所说的书名为 *Étude sur George Michel*，法国诗人 Alfred Sensier 著。

21 这套版画为法国艺术家拉维艾耶为米勒的画所作，为梵高私人藏品。

1880年9月24日 | 奎姆 | No.136

如你所见，我疯狂地工作，但是目前还没有什么令人满意的成果。我希望这些荆棘最终可以开出白色的花，那样的话，这些痛苦的挣扎就像是分娩中的阵痛，痛苦之后会有欢乐的结果。

尽管已经困难重重，每天都有新麻烦冒出来，我简直不能用言语表达，可以重新拿起画笔，我有多么开心。很久以来我都很焦虑，以前总觉得重新拿起画笔是不可能的，已经超出我的能力范围。但是现在，我已经意识到我的脆弱和痛苦建立在很多事情上，我已经恢复了内心的平静，精力也一天天在恢复。

—

1880年10月15日 | 布鲁塞尔 | No.137

我并不完全反对去法国美术学院的想法，于我而言，去外地读个夜校也行，如果免费或者不太贵的话。

但迄今为止，我的目标还是要努力地学习，以便可以画出像样的、卖得出去的画，那样我就可以靠自己的工作维持生计。显然，这对我来说才是最迫切的。

一旦掌握了铅笔、水彩或者蚀刻，我就可以重新回到矿工或纺织工人的题材上，创作出比现在的画更好的作品。但首先我要掌握技术。

—

1880年11月1日 | 布鲁塞尔 | 迷笛大道72号[22] | No.138

我最近画了一些东西，工作量非常大，不过我还是很高兴自己完成了。我还画了一幅钢笔的人体结构图，画相当大，用了五张安格尔纸[23]。

约翰·马歇尔[24]的《艺用解剖学》（*Anatomy for Artists*）是我现在用的参考书，书里有大量关于手足等的解剖示意图，清楚实用。现在我想做的是把肌肉绘画彻底学完，确切地说，就是把躯干和腿的肌肉画完，加上以前画过的，整个人体就组成了。然后我还想画人体的背面和侧面。

如你所见，我花费了很多精力去钻研这些；这并不简单，需要时间，更需要极大的耐心。

我想从兽医学校弄些解剖示意图，比如马牛羊，然后按照画人体解剖的方法去画它们。

比例、光线和阴影，透视法是一个画画的人必须要遵循的法则，如果缺少这些知识，就只会付出无谓的努力，徒劳无果。

—

1881年1月 | No.140

我想让你知道，最近几天我的画进步很大。我刚刚完成了十几幅铅笔或钢笔和墨水画的素描，在我看来已经比之前的画好一些了。这些画乍看像朗雄[25]或者英国的木刻版画，但还是有些笨拙，不自然。我还画了行李工、矿工、扫雪的人、雪中行人、老女人和老头儿形象（巴尔扎克《十三人故事》里的费拉居斯[26]）等等。给你寄去两幅小画《炉火前》，虽然看起来还不太完美，但是已经有那么点儿意思了。

我相信我会有更大进步。我画肖像画快要入门了。但只能通过辛勤的工作，正如加瓦尔尼[27]所说：不可一日不画。

—

22 迷笛大道（Boulevard Du Midi），为布鲁塞尔市中心主干道。
23 画家安格尔爱用的纸，纸面强韧，粉红色罗纹，木炭易于附着，所以适合炭笔素描。
24 约翰·马歇尔（Johan Marshall，1818—1891），英国外科医生。
25 奥古斯特·安德烈·朗雄（Auguste André Lançon，1836—1885），法国艺术家。
26 费拉居斯是巴尔扎克小说中一个秘密集团的领导人，他参与社团事务直接导致了自己女儿死亡，之后他陷入绝望，发疯。
27 保罗·加瓦尔尼（Paul Gavarni，1804—1866），法国漫画家、雕刻家、版画家。

Devant les tisons

I

En Route

No.140
※ 小径
En Route

1881年6月 | No. 146

我画了一幅钢笔画，画的是沼泽另一端长着很多睡莲的地方（靠近去罗森达尔[28]的路）。

迄今为止，我都是先用铅笔作画，再用钢笔加强，或者如果有必要的话，用芦苇笔描粗。我最近的画都沿袭了这个创作方法，需要大量的线条描绘，当然也要符合透视法。

–

1881年7月 | 埃滕 | No. 148

写生时关注太多的细节而忽略了重点，可不是件好事情。果然，最近的画验证了这个说法。这就是我为什么又要学习巴尔格技法的原因，他的画线条强劲有力，轮廓简单优雅。如果我停一阵子不画画，等再拿起画笔，就会对以前的画有新的认知。

我希望能找到一个好的模特，比如说那个叫皮耶特·考夫曼的工人，我想让他扛着锹或犁或者其他什么东西，在院子里，在他自己的家里，或者在田里，总比在家里坐着好。但是让人们知道怎么做模特可真是个大难题啊。不管是城里人还是乡下人，根深蒂固的想法是，只有穿着做礼拜的衣服，才肯摆姿势，衣服的膝盖、手肘和肩膀处，还不能有任何明显的褶皱和凹痕。这对画家来说真是件恼火的事。

–

1881年9月 | No. 150

我的画最近有些改观，不管是绘画的方法还是成果。也多亏了莫夫[29]对我说的话，我才又开始用真人模特。我已经说服了几个人做我的模特，其中就有皮耶特·考夫曼。认

真学习、坚持训练和对巴尔格《木炭画练习》（*Exercises au Fusain*）的不断钻研实践，让我对人物画有了更好的理解。我学会了度量和把握主要线条，以前这对我来说是多么不可思议的事情啊，而如今我竟然做到了。感谢上帝！

我画了一个拿着铁锹的农民，即挖掘者，至少画了五次，各种姿势，还画了两张播种者，两张拿着扫帚的女孩，还画了戴着无边呢帽削土豆的女人，靠着曲柄杖的牧羊人，最后还画了生病的老农，坐在炉火边的椅子上，手抱着头，胳膊撑在膝盖上。我停不下来，画画的过程就像赶羊群一样，一旦有几只羊过桥，其余的羊就会跟着过去。我一定要不断地画下去，画挖掘者、播种者、犁田者、男人和女人。学习和画画是乡村生活的一部分，正如他人经历过和正在经历的生活一样。面对自然时，我也不像以前那样觉得无能无力了。

我从海牙带了木制的彩铅和铅笔，现在用得非常多。我也开始用笔刷和纸擦笔[30]作画，蘸墨鱼汁或者印度墨水，有时也用色彩颜料。比较确定的是，我现在的画跟以前的不一样了。画的尺寸跟《木炭画练习》相仿。

说到风景画，我认为完全无须为此感到煎熬，相反，可以从中学到很多东西。

无须多言，寄这些素描给你，只是想让你了解不同的人物姿态，这些速写都是短期创作，我也注意到比例部分还有很大的改进空间，当然在正式画之前还要改很多。

这张画画的是人们在收割后的田地中犁地播种，我还画了一张同样的大幅草稿，加了远处即将来临的暴风雨。另外两幅素描是挖掘者的不同姿势。我希望再多画些这样的画。还有一幅是提篮子的播种者。

28　罗森达尔（Roosendaal），荷兰的一个城市，靠近埃滕。
29　安东·莫夫（Anton Mauve，1838—1888），荷兰画家，梵高的姻亲。梵高开始学画时，此人已小有名气。
30　纸擦笔，亦称纸笔，卷起来的鹿皮或纸张，两头尖，用来擦铅笔画以获得细微差别，如阴影效果。

I

要是能找到提着播种篮的女人做模特该多好啊，那样我就可以把春天时给你看的第一幅素描前景里的那个很小的人物画得更好了。

简言之，如莫夫所言：全力以赴。

—

约1881年10月12日 | No. 151

首先是两幅大的用粉笔和墨鱼汁画的修剪过的柳树，类似下面这幅草稿，还有一幅相似的，是长方形的，画的是通往卢尔[31]的路旁的树。之后我也画过几张人物画，挖掘者和做篮子的人。上周叔叔从普林森哈赫[32]寄了一盒颜料，是派拉德牌的，够我画了，太开心了。

好吧，我急不可耐地开始画水彩了。我觉得我很幸运，可以找到模特。我也开始尝试画马或驴了。

特厚的安格尔纸画水彩尤其好，也比其他的纸便宜。尽管这样，我也不是特别急需纸，还有些从海牙带过来的存货，虽然都是很普通的白纸。

嗯，你看我工作多勤奋。

就此搁笔吧，我今天走了很长的路，非常累，但我还是想随信附些画。

—

1881年10月12—15日 | No. 152

一开始，大自然总是拒绝艺术家，但是如果你对她足够认真，就不会从这种对抗中感到失望，正相反，这更激发人们想去征服她，而最深处，自然和真正的艺术家是心有灵犀的。尽管大自然最不可捉摸，人们也要竭尽全力去抓住她，同她搏斗，一段时间之后，她就会变得更顺从，更

配合。我比任何人都渴望企及此等境界，但我还没有达到，不过已经开始有进展了。

与自然的搏斗，有时候就像莎士比亚的《驯悍记》（不管是否情愿，只有坚持不懈才能征服抗拒者）。很多事情都是这样，显然画画也是。我认为钻研总比放弃好。我越发感到画人物画的好处了，这也间接地对风景画产生了好的影响。如果在画剪枝的柳树时，把它当作一个活生生的生命去画——当然，它本来就是——环境也随之变得更契合，你需要全神贯注地盯着这棵树，直到它的生机显露无遗。随信附上几幅素描。我最近经常在通往卢尔的路边画画，偶尔也用水彩和墨鱼汁画，但不太容易操作。

—

1881年10月12日，拉帕德[33] | No. R1

近来我画了一大批写生，因为找到了很多愿意配合的模特，而且我画了不少耕地、播种和其他农活的习作，男女都有。这些天来，我用木炭和炭精笔画了很多画，也尝试了墨鱼汁和水彩。好吧，不知道你能否从我的画中看到我的进步，但是你一定能从中发现改变。你知道这段日子最美的风景在哪儿吗？通向车站和卢尔的那条路，两侧栽着剪过枝的老柳树，恰好适合用墨鱼汁表达。我无法用语言描述这些树有多迷人，于是我画了七张大幅的习作。

—

1881年11月18日 | No. 158

我的画寄到了吗？我昨天画了另外一张，画的是一个农夫的儿子，这个男孩每天早上都给挂着水壶的炉子生火。另一幅画了一个老人给火添干柴。遗憾的是，这些画还有一

31　卢尔（Leur），靠近埃滕，曾是一个商埠，现在已与埃滕合并为一个城市。
32　普林森哈赫（Prinsenhage），荷兰北布拉班特省的一个地区。
33　安东·凡·拉帕德（Anthon van Rappard，1858—1892），1881—1885年期间与梵高通信频繁，跟梵高背景相似，并且共享对艺术的热情，是当时梵高在艺术上的好友。传世的画作很少，因为英年早逝，所以价值很高。

No.151
※ 驴车
Donkey cart

No.151

No.151

Vincent

No.151

些生硬和沉闷。

—

1881年11月19日 | No.160

我开始画另外一张挖掘者,在田里干活、刨土豆。我在画中对环境稍微做了些调整,远景中树木丛生,还有一线天空。

哦,天哪,这些田地多美啊!等我赚到更多的钱,就可以在模特上投入更多了,到时你肯定能看到我画出更非凡的画作!

—

约1881年12月18日 | No.163

我依然每天待在莫夫家,白天画水彩画,晚上画素描。我已经画了五幅习作、两幅水彩画,当然也画了很多素描。

不论怎样,提奥,莫夫向我展示了一下调色盘的魔法和水彩的妙用。这应该算是对旅行花掉的那九十荷兰盾的补偿吧。莫夫说我前途光明,但道路坎坷。好吧,我不会反驳他的论断。等有时间,我会告诉你更多莫夫的事,他非常热心和善良。

我会寄给你一些草稿,是在那两幅水彩之后画的。我非常希望能创作一些相对好卖的作品。事实上,我觉得如果有必要,就把那两幅画卖掉。尤其其中一幅,莫夫在上面加了些笔触。但我更倾向于再留它们一段时间,可以提醒我创作过程中的技术问题。

用水彩来表达空间和光线是多么美妙啊,这样造型会融入画面的氛围中,使整体有了生气。现在,你想不想让我给你画几幅水彩?画画是我唯一愿意做的事,但是留在这里,模特、颜料、画纸,还有很多方面都需要用钱,而我已经身无分文了。

快写信给我,哪怕简短的一句话也好。不过,如果你想让我留在这儿,能不能寄一点钱给我?我真的相信我的画会渐入佳境,因为关于色彩和笔法,我有了一些切实可行的想法。

—

1881年12月22—24日 | No.165

就像爸妈信中所说,我再简短地补充两句,关于莫夫在这儿时的情况,有空再详细告诉你。他马上就来普林森哈赫了,也会来我这儿。提奥,你应该知道,莫夫寄了一个艺术工具箱给我,里面有颜料、画笔、调色板、调色刀、调色油和松节油,简而言之,该有的都有。这意味着我可以开始创作油画了,我为此非常高兴。

事实上,我近来画了很多画,尤其是造型习作。如果你看到这些画,你一定会理解我的目的所在。

最近也画了一些儿童形象,我发现这也非常有乐趣。

近来户外的色彩和色调都令人流连忘返。现在我已经对绘画的光线略有心得,觉得可以表达出部分效果,但坚持才是最重要的,现在我还在专注于造型,只有坚持不懈才能有所提高。在户外画画时,我喜欢画树,像观察人物一样去观察树。我是说,只用一只眼睛凝视着树,观察它们的轮廓、比例以及结构。这是首要的事。之后才是造型、颜色和环境,这就是我特地要和莫夫探讨的问题。

但是提奥,我对我的艺术工具箱是如此的满意,在经过一年多素描强化练习之后才开始接触油画和色彩,我认为它来得正是时候。我觉得你也会这么想。

提奥,油画才是我事业的开端。你不也这样认为吗?

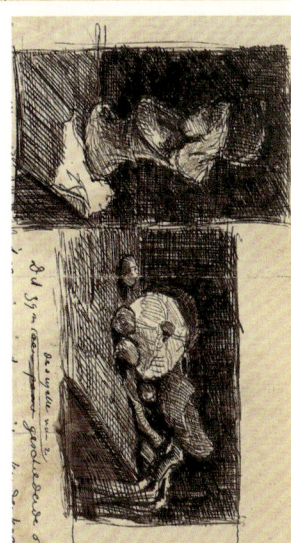

No.163

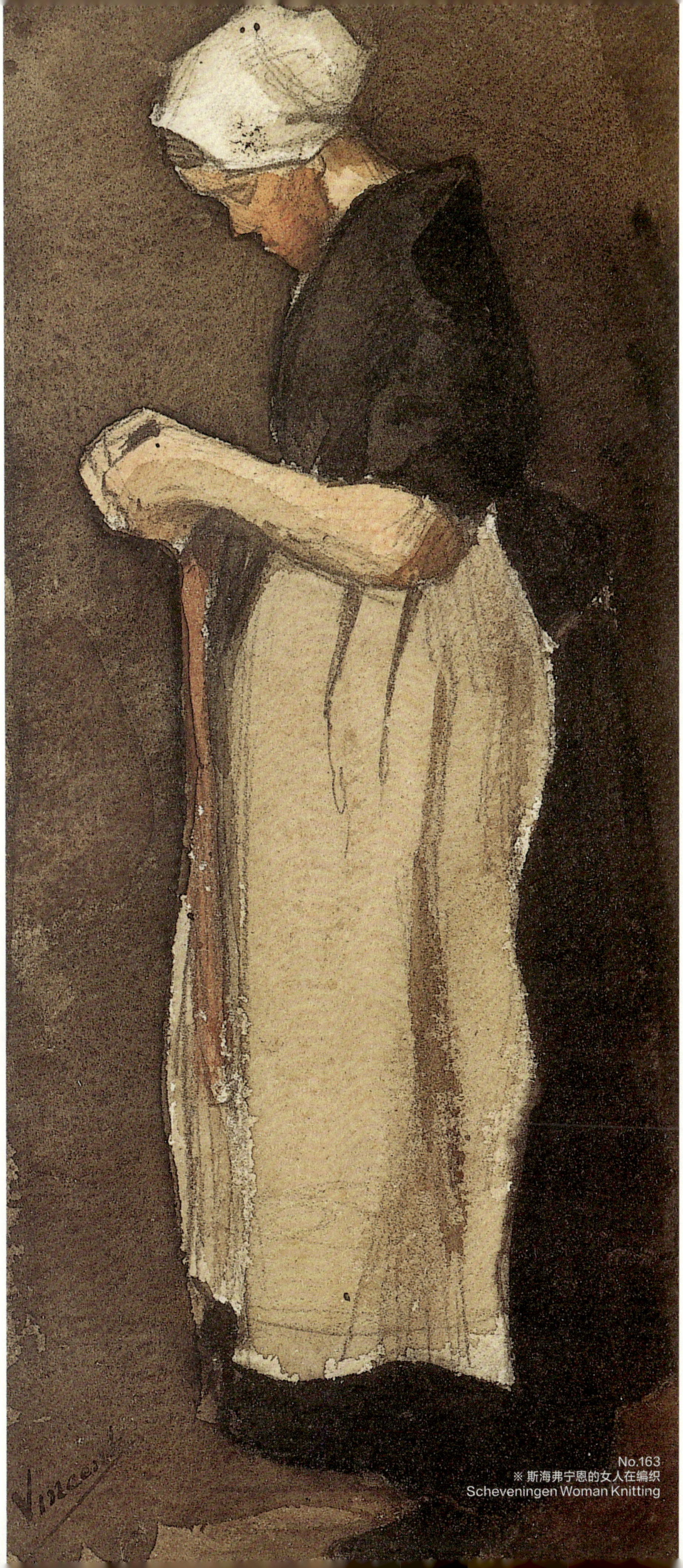

II
1882

1881年春天，梵高开始和父母一起生活，但当年冬天，梵高与他们发生了争执。争执的焦点是他单相思一个新近守寡的表姐。那之后，梵高在1882年1月搬到了海牙。在那里，他租了一个画室，继续高强度的绘画学习。在艺术上，他得到了很多艺术同行的帮助。

搬家之后，梵高很快与一个未婚女子发展出感情，这个女人有一个年幼的孩子，而且又在怀孕中，这桩不明智的情事，不仅让他住进了性病病房，而且也使那些体面的朋友离他而去。他出院后不久，这个名叫克拉辛娜·霍尔尼克（Clasina Hoornik，被称为西恩）的女人就生产了。他们开始在梵高光线充足的大画室里同居，过起了世俗的家庭生活。

这段感情只是梵高所渴望的家庭生活的一个幻影，在现实中，他与西恩的生活并不安稳。贫穷加剧了他们的困难，西恩的母亲也施加压力，希望西恩回到遇见梵高之前的妓女生活，以便供养自己。梵高曾动过与西恩结婚的念头，但是提奥似乎说服他放弃了这个想法。

在此期间，作为艺术家的梵高沉浸于研究不同媒介上的技术细节，以及透视、色彩、光线、阴影等。尽管社交上处于孤立状态，但他的绘画事业仍以轻快的步伐进步着，他在新工作室中创作了许多素描，还有他最早的水彩和油画作品。在这些早期的尝试中，梵高体会到了大量的素描基础练习终于有所收获。那种倔强而与众不同的笔触也正是在这个时期出现的：他坚定地认为素描是一项重要的基础技能，但觉得没必要额外接受正规教育。

No.170

約1882年1月12—16日 | No.170

尽管我想详细地告诉你家里发生的事，并且去解释这些事对我来说意味着什么，也想和你谈些其他的事，但现在没时间，我们还是聊聊绘画吧。

莫夫告诉我，至少要画废十张画，才能学会正确地使用油画笔。但是一旦掌握，就会得心应手，所以我全神贯注地工作，不让自己有丝毫懈怠，尽量避免犯错。不用说，技巧不是一天就能掌握的。

这是一个大幅素描的速写稿，但我画得很匆忙，所以这幅小速写看起来很糟糕。我计划在创作其他作品的间隙，穿插一系列小幅的钢笔素描，不过会用和去年夏天那幅大画不同的风格——更加愤怒和尖刻。

—

1882年1月21日 | 海牙 | No.171

我很愿意听一下特斯蒂格先生和莫夫关于画幅或其他方面的意见。我最近开始画一些大幅水彩，去年夏天的画画得很干涩，我要不惜一切代价去解决这个问题。昨晚，莫夫说我的画"开始像水彩画了"，尽管他的声音里有些许批评的意味。好吧，要是我真有这么大进步，那就既没有浪

No.171

费时间，也没有浪费钱。而且，我已经在大幅作品上实验了笔法技术和色彩强度，现在可以去试着画小一点的画了。事实上，我已经画了两幅小画，但是它们还有些问题，于是我又擦掉了。我还开始画一幅大的水彩了，随信是它的速写稿。

—

1882年3月3日 星期五 | No. 178

我有了一个新模特，虽然我之前画过她的速写。其实我的模特不止一个，因为就在这个房间里，我已经画过三个人物了，一个四十五岁左右的女人，她就像爱德华·弗雷尔[1]笔下的人物，和她大约十三岁的女儿，还有一个更小的孩子，只有十岁或十二岁。虽然他们是穷人，但我必须说，他们愿意为我当模特，让我感激不尽。

年轻女人的脸部并不美丽，因为她得过天花，但她非常优雅，我觉得她很有魅力。她们也有体面的衣服，比如黑色麦利诺羊毛的时髦帽子、漂亮的披肩等。

但是我必须试着去卖 [这些画]，但凡有可能，我情愿把现在的画都留着，哪怕只收藏一年，我也确定它们会比现在更值钱。

我很想把这些画留下来的原因就这么简单。当我画单独的人物时，总是带着画群像的视角，比如，把人物置于一个三等候车室、典当行或者房间里。但是大幅的创作需要循序渐进，如果想要画一幅有三个裁缝的画，你得画过大约九十个裁缝，才能水到渠成。

约1882年3月14—18日 | No. 182

我真不是块画风景的料。画风景的时候，总有些地方画得太写实。

夏天来了，冷已经不再是个问题，所以我必须要想方设法画些裸体习作了，不一定要摆学院派的姿势。我太想有个裸体模特，挖掘工或者女裁缝都行，分别从前面、后面、侧面观察。这样我以后画他们的时候，就可以透过衣服感受到他们的身体构造，对他们的动作也会了然于心。我计算了一下，大概要画十二幅，六幅男人，六幅女人，这对我会非常有启发意义。每幅习作都要画上一天。然而，最难的还是找这样的模特，如果可以的话，我会尽量避免带裸体模特到工作室，以免吓到其他模特。

—

1882年3月24日 | No. 183

我最近很勤奋，从早到晚都在画画。

白天，我继续画小幅的城市风景画，而且开始了解其中的门道。最近没有寄给你任何作品，我想等你亲自来，那样更好。我在画一些肖像和风景，包括斯海弗宁恩[2]的一个苗圃。

—

1882年3月末 | No. 184

如果有一天，人们说我只会画点素描，对油画一窍不通，我可能会拿出一幅油画，让他们大吃一惊。看起来我应该这么做，也只能这么做，但我偏不这么做。

1 皮埃尔·爱德华·弗雷尔（Edouard Frère, 1819—1886），法国艺术家。
2 斯海弗宁恩（Scheveningen），荷兰海牙市的一个区，有绵长的海滩。

No.178

※ 拄杖行走的女人
Woman Walking with Stick

Vincent

※ 典当行入口，海牙
The Entrance to the Pawn Bank, The Hague

No.183

※ 斯海弗宁恩的风景
View of Scheveningen

No.183
※ 煤气厂
Gasworks

油画有两种截然相反的准则：一种注重素描而色彩清淡，另一种运用大量的色彩辅以少量的素描。

—

1882年4月初 | No. 185

天气可真好，万物吐露着春天的气息。我不能离开人物画，这对我来说是头等要事，但有时我又想冲到户外去。我正在攻克一些绘画难题，不容出错。

最近我画了很多人物的局部：头、颈、胸、肩。随信附上一张素描草稿。我真的渴望多画一些裸体习作。你懂的，实际上《木炭画练习》我已经临摹了很多遍了，但那上边没有女性的身影。

写生非常难，千真万确。像我附上的这幅小画，线条看起来相当简洁。但当你坐在模特面前时，想抓住他们简单而独特的线条简直太难了。这些线条简单到用钢笔就可以画出轮廓，但我得反复画，因为抓住主要线条太难，不是三笔两笔就能见其本质的。

画好线条的要诀是要让线条自己说话，让它们奔涌而出，这当然不可能一蹴而就。

随信寄上的一幅大画的素描，表现的场景比较昏暗。我记得托马斯·胡德[3]的一首诗，他在诗里描述了一个令人尊敬的女士在晚上无法入睡，因为白天她去买裙子的时候，遇到了一个患肺痨的女裁缝，贫穷而消瘦，在一个密闭的房间里劳作。她为自己的财富感到一丝良心不安，整夜难眠。简单地说，就是一个苗条白皙的女性形象，辗转难眠。

—

约1882年4月15—27日 | No. 190

附上一张挖掘者的小素描，我要解释一下为什么要发这幅画给你。

特斯蒂格对我说："你以前事事不顺，常常失意，现在也一样。"让他住嘴吧，绝对不是这样的，情况今非昔比了，他这么说是大错特错。

我不适合从商或做学问，但这并不能说明我不适合当画家。恰恰相反，如果天生适合做牧师，或者帮别人卖画，那我可能就不擅长画画，也不会如此决绝地放弃那些工作。

正因为我有一双天生要画画的手，我绝不能放下画笔。我问你，自从我选择开始画画，我可曾有过半点疑惑、犹豫和彷徨？我想你是懂的，我犹如战场上的士兵一样斗志昂扬，当然，仗打得越来越激烈了。

现在说说这张素描吧，画于吉斯特[4]，那天下着毛毛雨，周围的街道上喧闹纷杂。我发给你是想让你看看，我能捕捉到一些瞬间，我的素描本就是最好的证明。

比如，你可以想象一下，特斯蒂格站在吉斯特的沟渠

---

3 托马斯·胡德（Thomas Hood, 1799—1845），英国诗人、作家。
4 吉斯特（Geest），荷兰海牙市的一个工人阶层活动的街区，梵高所画的是诺德街（Noordstraat）13—15 号，当时工人在此处铺设污水管道。

No.185
令人尊敬的女性
The Great Lady

The Great Lady

No.190

边上，亲自看工人们装配水管或天然气管道，我真想看看他的表情，看他能画出什么样的素描。对于艺术家来说，只有混迹于工坊、大街小巷、房里屋外，甚至酒吧，才是好玩的事。一个艺术家，宁可在这些破破烂烂的地方，找寻可画的素材，也不要故作优雅地去和美女喝下午茶。除非他要画美女，那画家也能去享受一下茶会了。

总之，我想说的是，寻找绘画素材，来往于劳动者之间，反复焦虑着怎么处理模特，身临其境地去捕捉事物最自然的状态，是个苦差事，有时候更是脏活累活。而且，说真的，销售员的衣着和举止，适合那些需要和美女绅士攀谈，并向他们推销奢侈品的人，而对于一个要画吉斯特深井中的挖掘工人的画家来说，并不合适。

倘若我能胜任特斯蒂格先生的工作，那我肯定不会是个好画家。对于我的职业来说，最好的状态就是保持自我，而不勉强去接受根本不适合自己的风格。

要是衣着得体地站在一个体面的商店里，我会浑身不舒服，以前这样，现在更是。我极有可能变得很无聊、令人生厌，但在吉斯特的荒地或者沙丘这种地方的时候，我就变成了一个截然不同的人。在那儿，我丑陋的脸、被岁月磨砺的外套和那里的环境相得益彰，在那里，我才是我自己，才可以愉快地工作。

说到"如何去做"，我希望能找到一条自己的道路。如果我衣着光鲜地去找工人模特，他肯定要吓坏了，要么会怀疑我的企图，要么会跟我要个大价钱。

现在我和以前一样混日子，你可不要认为我和那些抱怨"海牙根本没有模特可画"的人一样。如果有人对我的文明教养、衣着相貌、言谈举止指指点点，我该怎么对待——这种话真烦人？在另一种意义上说，我是不是成了迟钝、没教养的粗鲁人？

应该这么说，好的教养规范应该是关照到每一个人，基于每个有正当追求的人的需求，对每个人都有意义、有益处，而终极需求是为了使人们和谐共处而不被孤立。这就是我尽力在做的，我画画，不是要去惹恼他人，而是让他们觉得开心，让他们发现那些亟须关注但又被人忽略的事。

我无法接受，提奥，我怎么就成了一个粗俗、没有教养的怪物？好像我就活该被社会排斥，更有甚者，按照特斯蒂格的说法，"在海牙根本活不下去"。难道我深入绘画对象的生活，就是降低人格吗？难道我走近工人们，走进穷人的房子或者请他们来我的画室，就是自轻自贱吗？

我觉得这是我专业的一部分，只有对艺术毫无概念的人才会质疑我。

试问，《图画》周刊和《笨拙》周刊[5]的插画师们在哪里找的模特？难道他们不要亲自到伦敦最穷困的街区找吗？你说是不是？

难道这些插画师生来就了解人？还是他们生活在所画的模特们中间，多年之后才真正地了解他们，感悟到人们未曾经意的，记录下人们已经忘却的？

—

1882年5月1日 | No.195

提到木工铅笔，我的推论如下：前辈大师都用什么工具来

---

5 《图画》周刊（*The Graphic*），英国的一份插画新闻周报，首发于 1869 年 12 月 4 日，并以此刊名发行至 1932 年 4 月 23 日，后更名为 *The National Graphic*。《笨拙》周刊（*Punch*，又名 *London Charivari*），是一份英国幽默讽刺周刊，创刊于 1841 年，20 世纪 40 年代后逐渐衰落，于 1992 年停刊。

画画？肯定不是法伯尔B、BB、BBB[6]等铅笔，而是用糙石墨片画的。米开朗琪罗和丢勒[7]很可能用的是木工铅笔。

但我也没有亲眼看到，无从定论，不过有一点我是可以肯定的，木工铅笔的表现力更强，比所有上等的法伯尔铅笔都好用。

相比昂贵的法伯尔铅笔里那磨得精细的石墨芯，我更喜欢用天然石墨，只要把它和牛奶混合一下，反光的影响就消失了。如果在户外写生的时候用孔戴色粉笔[8]，闪烁的反光会让人看不清到底画到什么程度，但很快又会发现已经画得过黑了。石墨比纯黑要灰一点儿，用钢笔在上面再画一遍，总能增加一些层次感。即使石墨的印迹再强烈，画面在钢笔墨迹的衬托下都会亮起来。

炭笔也不错，但如果你画得过重了，就会失去饱满的质感，巧妙的做法就是一次画到位。我看那些风景画家也一样，比如凡·雷斯达尔、范戈因、卡拉莫，还有勒洛夫斯[9]，很多现代画家都常用炭笔。要是有人能发明一个带墨水储存器的钢笔，方便在户外使用，那世界上也许就会有更多的钢笔画了。

用浸过油的炭笔画画，效果好得让人难以置信，就像维森布鲁赫[10]的作品那样。油的浸入还能让炭黑变得更温暖，更深入。

—

1882年6月 | No.208

几日来，我第一次像这样坐起身来给你写信，感觉又重新活过来了。我肯定已经康复了。如果我意识清醒，倒觉得能在这儿，在病房里，学到些东西。我现在转到了另一间病房，这儿的病床都不带帘子，特别是到了夜晚，会制造出一些很诡异的感觉。医生长得就是我想象中的样子，特别像伦勃朗画的肖像，前额宽广饱满，表情慈祥。我觉得我应该向这医生学习，像他对待病人一样对待我的模特，那就是对模特要坚决些，让他们摆成我需要的姿势，而不用费事。这位医生真是太了不起了，他得有多大的耐心啊，要给病人做按摩、换药膏，想尽办法治愈病患，比服务员还要坚

6　法伯尔（Faber），铅笔品牌，创立于1761年。B、BB、BBB，铅笔硬度级别，B代表黑度，H代表硬度。

7　米开朗琪罗（Michelangelo，1475—1564），意大利文艺复兴时期杰出的雕塑家、建筑师、画家和诗人，与达·芬奇和拉斐尔并称"文艺复兴艺术三杰"，以人物"健美"著称，即使女性的身体也描绘得肌肉健壮。阿尔布雷特·丢勒（Albrecht Dürer，1471—1528），生于纽伦堡，德国画家、版画家及木版画设计家。丢勒的作品包括木刻版画及其他版画、油画、素描草图以及素描作品。

8　孔戴色粉笔（conté crayon），也称色粉棒，绘画工具，由石墨粉或炭粉与蜡或黏土混合制成，截面呈方形。1795年由尼古拉·雅克·孔戴发明。

9　雅各布·伊萨克松·凡·雷斯达尔（JKacob Isaackszn van Ruisdael，1628/1629—1682），荷兰风景画家。范戈因（Jan van Goyen，1596—1656），荷兰风景画家。卡拉莫（Alexander Calamé，1810—1864），瑞士画家。勒洛夫斯（Willem Roelofs，1882—1897），荷兰画家、版画家，荷兰艺术复兴的先驱之一。

10　维森布鲁赫（Hendrik Johannes Weissenbruch，1824—1903），荷兰画家，被认为是海牙画派最著名的画家。

决百倍。他有本事让病人消除所有顾虑，摆成他需要的姿势。这儿还有个老头儿，特别适合当模特来画哲罗姆[11]，他又高又瘦，身躯干瘦，长满褶皱，关节凸出，清晰而易于表现。如果他不愿意做我的模特，那就太让人郁闷了。

—

1882年6月，拉帕德 | No. R9

艺术是善妒的情人，需要我们投入所有的时间与精力。可一旦我们真的全心投入了，她却转身而去，唯留追求者的苦涩，除此之外，我一无所获。

好吧，我能做的，只有不断地尝试，战斗不息。

—

1882年7月21日 | No. 218

我今天试着画了一个摇篮，用了一点彩色高光。上次寄给你的草地风景，我又画了一遍。

我讨厌我的手太苍白了，但是我又能怎么样呢？

我也想再去户外创作，比起担心不能出去，我更担心不能再拿起画笔。艺术是善妒的情人，她不允许我的一点小病凌驾于她之上。那我就让她为所欲为吧。我希望很快就能寄给你一些不错的画作了。

像我这样的人，没有权利生病。

你必须理解我的艺术观念，人必须要经过长期艰苦的努力，才有可能触碰到艺术的本质。我渴望的和我追求的虽难以企及，但并不是因为我好高骛远。

我只是想画出能够打动观者的画，无论是画人像还是画风景，我所要表达的，并不是无病呻吟的忧郁，而是发自内心的哀鸣。

简而言之，我希望人们这样评价我：这个人深刻而敏感。不要在意那所谓的粗鲁吧，你懂的，或许正是它成就了我呢。

谈论这些听起来有些夸夸其谈，但这正是我想要倾尽一生精力要做的事。

在大多数人眼里，我是怎样的人呢？无足轻重、古怪，还是格格不入？一个现在没有社会地位的人，总之就是一个低到尘埃里的人。

倘若一切果真如此，那我愿用我的作品来表达一个怪人、一个无名之辈内心的所思所念。

这一切更多基于爱而非怒，更多基于平静而非激情，这就是我的理想抱负。虽然麻烦缠身，但我的内心是宁静的，纯净而和谐，宛如乐曲。在这破旧不堪的小屋，在这肮脏无比的角落，我能看到油画或素描。就像被一种无法遏制的冲动所驱使，我的灵魂朝那个方向飞去。

这种感觉日益强烈，杂事越多被抛开，就越是如此，

11　哲罗姆（Saint Jerome，347—420），古代西方教会领导群论的《圣经》学者，也译为圣杰罗姆。

No.218 ※

我眼中的画面就变得越清晰。艺术需要不顾一切的执着和持久的观察。所谓执着，不仅仅是要身体力行，更要在别人说三道四的时候坚持己见。

因为我现在对艺术和生活有了广博而自由的理解，而生活的本质就是艺术。若是有人要拔苗助长，艺术就变得虚假而刺目。我觉得，很多现代绘画作品有着以前的大师作品中所未见的独特吸引力。

我希望，除了今天画的这幅，我还要把摇篮这个题材画上一百遍甚至更多，我就是这么执着！

—

1882年7月23日 | No.219

弟弟，你来我这儿的时候，我要给你看几张我的水彩。

这些风景画透视很复杂，非常难画，但正因如此，它们表达出了所谓真正的荷兰性格和情绪。就像我上次寄给你的那些画一样，画得一丝不苟，但这些是充满色彩的——嫩绿的草地搭配红瓦屋顶，在柔和色调的前景衬托下，天空中的光线变得愈加强烈，院子里堆满了泥土和潮湿的木材。

所以，你可以想象一下这样的画面：凌晨四点，我坐在阁楼的窗前，专注地用透视架[12]研究草地与伐木场，此时煮咖啡的第一缕炊烟袅袅升起，第一个工人踱进厂院。越过红瓦屋顶，一群白鸽在黑色的烟囱间穿越飞翔。此外，这儿还有漫无边际、轻软柔和的绿地，绵延数里的牧场，衬着灰色的天空，宁静又安详，像极了柯罗[13]或范戈因的画。

视野越过屋脊和长满杂草的排水槽，在黎明之际，万物苏醒——鸟儿飞翔，炊烟袅袅，小小的人影缓步其中，

这就是我水彩画的主题。希望你会喜欢。

我的前途顺利与否，我觉得，取决于我的作品而非其他。只要坚持下去，仅靠愉悦地观察并且饱含爱意地如实描绘出小窗外的自然景致，我就会安静地打赢这场战争。对于其他杂务，即使有人来骚扰，我也可以保持漠然。我太热爱绘画了，不愿意为其他的事情分心。研究画面透视给我带来的乐趣，远胜于与人交流。

—

1882年7月26日 | No.220

我已经画了三幅斯海弗宁恩海滩的水彩了，又画了晾鱼棚——要捕捉尽可能多的细节——但这次是有色彩的。你很了解，提奥，画色彩并不比画黑白稿难，或许正相反，我的绘画中四分之三的要素来源于初稿，而几乎所有的水彩都取决于素描稿的质量。

没有最好，只有更好，走向绘画的顶峰一直以来就是我的梦想。

我发现一些风景很美的小路，穿过宁静祥和的草地，你来的时候也一定会喜欢这些小径。在那儿，我还发现了一些或新或旧的工棚和其他住所，非常独特，临水的一面带个小院子，很吸引人。我打算明天一早就去那儿写生。那条路横穿施恩伟格大街，通向恩多芬工厂或耶克大街[14]。

在那儿，我看到过一截枯死的柳树树干，斜垂在一片芦苇荡上方，孤寂而忧郁，树皮皱裂，长满了苔藓，呈现出大理石那种斑斑驳驳的质感，更像蛇皮，有点浅绿，有点淡黄，但主要是暗黑色，树干上有一片片树皮

12　透视架是德国文艺复兴时期绘画大师丢勒研究透视法时制作的工具。
13　柯罗（Jean-Baptiste Camille Corot, 1796—1875），法国著名巴比松画派画家，被誉为19世纪最出色的抒情风景画家。画风自然、朴素，充满迷蒙的空间感。
14　施恩伟格大街（Schenkweg），位于荷兰海牙，梵高的工作室曾位于此处。恩多芬工厂（Enthoven factory），一家铁器加工或铸造厂。耶克大街（Zieke），与施恩伟格大街平行的一条街。

Zomerdag op t strand

Rijswijksche Weilanden – Timmermanswerf

219

No.220

剥落后的白色和锯掉的残枝。我明天就想去挑战一下这个画面。

在斯海弗宁恩海滩，我对景创作了一幅《白色大地》，几乎是在毫无准备的状态下一气呵成，画在一块非常粗糙的画布上（未漂白的亚麻布），下面是它的一些草稿。

只要你带着爱与智慧工作，对自然和艺术真诚的热爱就会赋予你一副对抗世俗看法的铠甲。

自然也是严苛的，或说是艰难的，但她永远不会背叛你，而会永远给你前进的力量。

这一切越来越让我觉得焕然一新，你会看得出，我再也不害怕用那些鲜艳的颜色了，鲜嫩的绿、柔和的蓝和千变万化的灰，因为自然界里没有任何一种与灰色无关的色彩——红灰色、黄灰色、绿灰色和蓝灰色。所有颜色调和的实质就是灰色。

我又去了一趟那个晾鱼棚，很显眼的地方是一个填满沙子的筐，筐子里长着一片郁郁葱葱、无法用语言形容的嫩绿的野生芜菁或者是刚发芽的油菜，这些植物是用来防止沙土流失的。两个月前这里还是一片荒漠，只有小园子里有一点草，与其他季节的毫无生机相比，眼前这肆意而茂盛的绿意真是让人陶醉。

我希望你喜欢这幅画。开阔的广角构图，从村庄的屋顶之上远眺教堂的尖顶和沙丘，如此令人愉悦。这幅画的创作给我带来的乐趣简直无以言表。

—

1882年7月31日 | No.221

依我所见，亦如你所说，对于自然界中黑色的认知——自然中没有纯粹的黑色。然而，和白色一样，它存在于所有颜色之中，呈现出千变万化的灰度，色调纷呈、强度各异。所以，在自然界之中，人们只是看到了这种色调和变幻的色彩强度，而非其他。

三原色只有红黄蓝，复合色有橙色、绿色和紫色。由此可知，通过添加少许的黑或白，就会出现变化无穷的灰色：红灰色、黄灰色、蓝灰色、绿灰色、橙灰色和紫灰色。

很难准确地形容，比如，到底有多少种绿灰色？它真是变幻无穷的。但是所有的色彩化学都不会比那几种简单的原色更富于变化。简而言之，简单的色彩比七十色的颜料组合还划算，因为你可以用三原色加黑白调配出的色调和强度组合远远多于七十种。调色师就是那种能冷静地分析自然中见到的颜色，并能准确调出它的人。比如，绿灰色是黄加黑和一点点蓝。换句话说，他能在调色盘中创造出自然界变幻多姿的灰色。

然而，作为创作参考，或者画一幅小草图，对轮廓的深层把握也是绝对必要的，对后续创作也有很大作用。

我觉得这种能力无法一蹴而就，首先要学会观察，然后是坚持不懈地练习和研究。另外，掌握解剖学和透视原理也很必要。我旁边挂了一幅勒洛夫斯的风景画，钢笔速写，我都无法形容那简单的轮廓多么有表现性。真是包罗了一切。

等你来我的工作室就知道了，除了研究轮廓造型，我也和其他画家一样对色彩的强弱变化感兴趣。

我已经搞定了那截巨大的枯柳树，并且我相信它将是我水彩作品中最棒的一幅。一幅庄严的风景——那棵枯树和映衬它的景致：一片被浮萍覆盖的死水池塘和莱茵河铁路公司的仓库，线条凌乱地交叠在一起，冒着黑烟的建筑群和绿色的草地，一条煤渣道伸向远方，云在天空竞相追逐，灰色的云朵中闪现些许亮白边儿，而蓝天深处则只有几朵云零星分散着。简单来说，我想达到这样的效果，穿着工作服、拿着小红旗的信号员如果看了此画，一定会自言自语，"这是多么悲惨的一天啊"。

我给你看的这幅画，只有一个想法：向你证明我没有原地踏步，我正在循序渐进地进步。对于我的作品的商业价值，我丝毫没有自命不凡。但如果时机恰当，它们却还是不如别的画家作品一样好卖的话，我会非常惊讶。不管我的画什么时候会变得好卖，我都不太在意。我想，只有坚持不懈地从自然中汲取灵感、潜心创作，才是正道，才不会竹篮打水一场空。

对自然的感受和热爱，迟早会在爱好艺术的人心里产生共鸣。画家的职责是全身心地投入自然，激发他所有的智慧，将他对自然的热爱表现在作品中，以便被别人理解。在我看来，以销售为目的的创作最不可取，只会让爱好艺术的人反感。

我在这儿看到好多画家苦苦纠结于水彩和油画而无从下手，我就想告诉他们：朋友，问题在于你的草图。我很庆幸没有直接开始画水彩或者油画。我敢保证，只要努力，我一定能在用透视法画素描时更加精准。

我觉得你不该认为我"固执"。这里的艺术家们总是这样辩解，他们说，"你一定要做这个或那个"，如果你不做，至少是没有立刻照办，或者你想争论一下，他们就会紧跟着说："你以为你懂的比我多吗？"就这样，他们开始各持己见，不消五分钟便对峙起来，互不相让，不愿前进、后退或谦让一步。这种情况下，对彼此伤害最小的解决方案是艺术家们能够理智地保持沉默，不管怎样，随便找个借口赶快离开是非之地。我会倾向于说："上帝保佑，画家本是一家人啊！"这种情况就是有利益冲突的人聚在一起各执己见，偶尔有人达成共识，也仅仅因为他们要反对某一个人。对于"家庭"这个词的定义，亲爱的弟弟，我觉得不一定总是好的意思，尤其是画家之间和画家与自己家庭成员相处时。我衷心地希望，咱们家一直

保持着和平相处。

柳树的画差不多就是这个效果了，但在它的水彩作品中，几乎没用黑色，只在调色时用到。在素描稿中，黑色是最深的颜色，但在水彩稿中，你可以看到最强烈的色彩是：墨绿、棕色和灰色。

先说再见了，请相信我，有时我会嘲笑那些质疑我干过很多我自己都想不到的恶行和荒唐事的人。（实际上，我只不过就是一个爱自然、爱学习、爱工作，特别是爱人类的人啊。）

—

1882年8月 | No. 222

不言而喻，很多人因为负担不起花销而放弃了艺术，而我却能一直画下去，对此我心存感激。我比别人起步要晚，为了赶上他们，我必须加倍努力。不过，即使我再努力，如果没有你，我也得放弃。

我想和你说说我都买了些什么。

首先是一个大的调色盒，可以放十二支水彩，有双铰链盒盖，打开可以当调色盘用，还能放六支画笔。这是非常昂贵的户外绘画工具，当然也是必备工具。可是，它非常昂贵，我本来打算以后再买，先将就着用茶盘作为调色工具，但茶盘很难携带，尤其是还要拿其他东西的时候。所以，这绝对是个非常棒的工具，一旦拥有就能长久使用。此外，我还储备了一些水彩颜料，替换并补充了一些画笔。我画画需要的材料都备齐了。说到颜料，我买的是大管的（比小管的颜料便宜很多），你知道的，我画水彩和油画用到的色彩种类并不多，赭石色（红色、黄色、棕色）、钴蓝和普鲁士蓝、拿浦黄、黄棕色、黑色和白色，辅以一些小管的胭脂红、棕褐色、朱红、群青和藤黄。我买颜料

还是很节制的，很多颜色可以自己调。我相信这会是一个特别的、有美妙色彩的调色盘。如有必要，我会添些群青、胭脂红，或其他什么颜料。

我应该先画点小画，但我真心期待今年夏天还能用炭笔画些大的画稿，之后再照草稿画成更大的油画。

我们在斯海弗宁恩海滩一起看到的风景——沙滩、碧海、蓝天，那是我一生中最想用画笔记录下来的时光。

—

1882年8月 | No. 224

我最近画了三幅画。一幅是草原上一排修剪过的柳树（在吉斯特桥后边），还有一幅是附近的煤渣路。今天我又去了米尔德沃特大街[15]的那个农场菜园，靠近运河有一片土豆田，一个穿蓝夹克的男人和一个女人正在忙着收土豆，我就把这个场景全部记录了下来。

田地是白色的沙土，一部分已经翻过，另一部分还覆盖着一排排干枯的作物，杂草丛生。远处是一片深绿色和几个屋顶。

我对最近这幅画特别用心。我得跟你说，绘画对我来说并不像你想的那么陌生。恰恰相反，我深深地被它吸引着，绘画是如此有力的表达方式。同时，如果想表达款款柔情，只要在崎岖不平的土地上加上一抹轻柔的绿色，就够了。

这些画都是中等大小，比普通的油画箱盖稍微大一点，因为我不在画箱盖子上作画，而是直接把素描稿用图钉别在绷着帆布的画框上，很方便拿。

毋庸置疑，我的画会越来越好，虽然确实还有欠缺之处，但我想，通过这些初稿，你已经感受到世界已与我相融，这足以证明我对自然的深切爱意，在我身体里跳动的是一颗画家的心。附上米尔德沃特大街的一幅草稿，那儿的菜园有着荷兰往昔的味道，深深地吸引着我。

今早我到海滩散步了，刚回来，画了一幅相当大的画。画面里有沙滩、大海、碧空、几艘小渔船，海滩上还站着两个男人。画里依旧有一些沙丘，我保证这不会是最后一幅。我想你会很高兴我解决了这个难题。

你可以看出来，这些草稿在仓促之下完成。现在一切都比较顺利，我会趁热打铁再画一些。

—

1882年8月15日 | No. 225

上周六，我完成了一幅梦寐以求的作品。

画的是一片开阔的绿地，点缀着一些圆锥形的草垛，一条沿着运河蜿蜒的煤渣路，径直穿过草地。画面中央远处的地平线上，太阳闪烁着火红的光芒。这种效果很难在那一瞬间就画好，但你可以看到构图。主要还是色彩和色调的问题，天空的色调光谱变幻无穷，首先是紫罗兰色的氤氲朦胧——红色的夕阳被暗紫色云层半掩着，为它镶了一道红色的亮边。靠近太阳的部分是朱红色的反光，红色之上则是一层黄色渐变到绿色，再往上是蓝色的阴影，也就是天蓝色，零星散布着的丁香色或灰色云朵，折射着落日的余晖。

地面就像是一张间杂着绿色、灰色和棕色的挂毯，遍

15　米尔德沃特大街（Laan van Meerdervoort），位于荷兰海牙。

No.224

Toen ik dezen brief geschreven had kwam
het my voor dat er iets aan mankeerd.
Ik dacht - ik moet zorgen dat ik hem
schryven kom dat ik eens zoo'n brok
Zand Zee lucht heb aangepakt
Zooals we 't zamen te Scheveningen
Zagen. Toen hield ik myn brief
op en marcheerde dezen morgen naar
't strand en ben daar van zooeven
teruggekomen met een tamelyke
groote geschilderde studie van
Zand zee & lucht en een paar
pinkjes & mannetjes op 't strand.
Er zit nog duinzand in en
ik verzeker u dat 't niet by deze
blyven zal. Ik dacht het u

pleizier zou doen te vernemen
dat ik dit eens had aangepakt

Zooals gezegd
ik wil zorgen
dat tegen dat
gy terugkomt
't zy over een
half jaar of
eenige maanden
't zy over een jaar
het atelier een

schilders atelier is geworden. Deze krabbeltjes zyn in
groote haast gemaakt zooals ge zien kunt. Nu 't water lit
zal ik maar trachten 't yzer te smeden terwyl 't heet is
en nog wat doorschilderen. Of 't gy tegen den kosten
het gewone zenden kunt zoo is er geen kwestie van
dat ik niet nog een tydje uitsluitend er my mee
bezig kan houden. Ik geloof dat reeds na een maand
geregeld schilderen het atelier een gansch ander
aanzien zou hebben. Hopende dat dit U genoegen zal
doen druk ik U nogmaals de hand, en wensch u van harte
voorspoed in alle dingen

No.224

51

Bedaar das 1 geen ik van mijn eigen
werk zeg niet als of ik er reeds over content
was het tegendeel is waar — doch dat
geloof ik dat gewonnen is dat ik voortaan
als els mij heeft in de natuur meer middel
tot mijn dispositie heb dan vroeger om het
met meer kracht uit te drukken.
En ik vind het niet onaangenaam dat nu
voortaan 1 geen ik maak er wat smakelijker
zal uitzien.
Ik geloof ook niet dat het me hinderen zou als mijn
gezondheid bij tijden eens van streek was. Voor zoover
ik kan nagaan zijn het de slechtste schilders niet
die nu en dan een week of 14 dagen hebben dat
ze niet werken kunnen. Dat heeft wel eens zijn
oorzaak dat zij juist degenen zijn "qui y mettent
leur peau" zoo als Millet zegt. Dat hindert niet
en men moet mijns inziens zich niet sparen als het
er op aankomt, is het dat men een tijdje uitgeput is
dat komt weer terecht en men heeft gewonnen dat
men zijn studies binnen heeft niet als de boer zijn koren of hooi
Nu denk ik voor mij voorloopig nog niet aan
rust houden. Alleen ik heb gisteren, zondag
weinig gedaan — althans niet bijzonder naar
buiten geweest. Ik wil zorgen dat ik
Kwaamt ge reeds dezen winter ge het
atelier vol geschilderde studies vindt
Van Rappard antwoord ik gisteren een brief — hij
is naar Drenthe geweest en met twee krabbeltjes
te voordeelen die hij mij stuurde heeft hij niet
stil gezeten. Hij schijnt zeer hard te werken
en goed ook, zoowel aan figuren als aan
landschap.
Nu adieu ik moet er op uit, met een
handdruk heil

                                    Vincent
Het is nu niet ongeveer
twee jaren geleden dat ik er de
teekenen begon te   petites lettres

Waarde Theo,

Ge moet het mij niet kwalijk nemen dat ik u weer
eens schrijf — het is om u te zeggen dat
ik in het schilderen zoo bijzonder plezier heb.
Verl. Zaturdag avond heb ik een ding aangepakt
waar ik al dagen van gedroomd had —
Het is een gezigt in de vlakke groene weilanden
met hoopen hooi. Een kolenweg met een sloot
en lange loopt dwars er door.
En aan den horizon midden in 't schilderij

Ik kon 't effekt onmogelijk zoo in de haast
teekenen doch zie hier de compositie
Maar 't was geheel een kwestie van kleur en toon
de schakering van de gamma, kleuren van de lucht
eerst een lila nevel — waarin de roode zon half half verb
door een donkerpaarsche wolk met schitterend rood 1/zn randje
bij de zon reflexies van vermiljoen, maar daarboven
een strook geel dat groen werd en hooger
blaauwachtig het zoogenaamde Cerulean blue en dan hier en daar
lilas & graauwe wolken die reflexies pakken
van de zon.
De grond nu was een soort tapijtwefsel van
groen — grijs — bruin maar vol schakering
en wemeling — het water van 't slootje schittert
in dien voorgen grond.
Het is als wat Emile Breton b.v. zou schilder

地丛生着不同的花纹图案，在这多彩的大地上，沟渠的水面波光粼粼，也让这挂毯充满了动感。

我还画了一大幅沙丘，用黏稠的颜料堆砌得十分厚重。这两幅画，小幅的海景和土豆田，我相信没人会觉察这是我的第一批油画习作。

说实话，我自己也挺惊讶，我曾经以为刚开始画油画可能会一无是处，过段时间才会慢慢提高，不过，话虽这么说，但它们看起来还是有模有样的，真是让人惊喜。

我觉得，这是因为我在画油画之前，进行了大量的素描和透视绘画练习，让我能把我所观察到的事物更好地组织到了画面中。

我沉浸在画画中无法自拔，一刻也不愿放下画笔。

我有了一种前所未有的、超凡而强大的色彩感受力。

—

1882年8月19日 | No. 226

上周，我这儿一直在刮大风，伴随着风暴和大雨。我还特地跑到斯海弗宁恩的海滩上去写生，带回来两幅海景小作。有一幅沾上了很多沙子，另一张在画的时候，风浪正大，海水不断涌上沙滩，有两次我不得不把画面完全刮掉，因为画上盖了一层厚厚的沙子。风实在太大了，把我吹得东倒西歪，黄沙漫天，几乎什么都看不清。

但我还是想试着恢复它。我跑进海滩后边的一个小酒馆避风，把画刮干净，马上再把它画出来，然后再跑回风暴中继续观察。所以，我的画上还残留着一些风沙的纪念品。

近来，斯海弗宁恩海滩真是美极了。风暴来临前的大海比狂风中更加气势恢宏。在狂风中，看不到那么多海浪，也看不到那么多像犁过的耕地一样的层层波涛。波浪涌得太快，后浪推前浪，强烈的波浪撞击产生了大量飞沙一样

的浮沫，在海面前方形成了一层薄雾，宛如为大海蒙上了神秘的面纱。而这还只是一场狂暴的小暴风雨。尽管如此，你越长久地注视大海，就越为之赞叹，海上几乎没什么声响。大海呈现出脏肥皂泡一样的颜色。海面点缀着一艘小渔船，或许是船队中最后一艘未归航的船，船上还有几个暗色的人影。

绘画带给人的感受是无限的，我无法确切地描述。但我想说，用绘画来表达情绪的过程，简直太美妙了。色彩的和谐与对比，一些不为人知的方面是，它们相辅相成，且密不可分。

我希望明天还能去户外写生。

—

1882年8月20日 | No. 227

这周，我在树林里画了几张相当大的习作，我想要在初次习作的基础上探索更高的层次。

其中我自认为最好的一幅，画的是耕耘过的土地，暴风雨后的土壤呈现出白色、黑色和棕色，大地上遍布着翻起的大小土块儿，投射出不同的光影，有种浮雕的效果。

另一张是林地，画的是一片地上一棵粗大的绿色榉树，周围散落一些干枝，还有一个白衣女孩。这幅画中，主要的难题在于使画面鲜亮，让光影在树干间穿透过来，在透视法中，不同距离的树干相对的粗细程度发生变化，会让人有种身处其间的感觉，仿佛呼吸之间就可以嗅到树木的气息。

画这幅画让我格外开心，和我在画斯海弗宁恩的风景时一样。那是一片茫茫沙丘，雨后的清晨，草儿显得格外鲜绿，黑色的网蔓延开来，围成一个巨大的圈，形成一种独特的色调，低沉泛红的黑色和灰绿。在这暗沉的大地上，女人戴白帽子和男人们或坐或站或行，或像奇怪的黑影一

样整理、修补着网栅。

我期盼着秋天。到那时，我绝对会有更多的画作和很多要画的素材。我特别喜欢秋天的黄叶，那是绿色的榉木树干和人物的绝妙陪衬。

一

1882年9月3日 | No.228

这周画了一些画，我觉得应该能让你想起一点点我们一起在斯海弗宁恩散步的景象。一幅大的作品画的是沙滩、大海和蓝天：一大片天空泛着精致的灰和温暖的白，还有一束柔和的蓝光从中射出，沙滩和海面一下子就被点亮，整个画面都变得金灿灿的，其中点缀着一些色彩各异的小小人形和小渔船，为画面增加了韵律，显得更加色彩缤纷。我在那里画的一张素描，主题是一艘正在起锚的小渔船。马儿们整装待命，预备将小船拉入大海。

我附上了一张草图。这张画花了我很长时间，我真希望原本把它画在画板或帆布上。在这张画上我尝试加入更多的色彩，即颜色的深度和力度。

林中秋色渐深，呈现出荷兰画作中很少见的色彩效果。昨晚，我去画一片缓坡林地，被腐朽和枯萎的树叶覆盖的地面是深浅不一的红褐色，树木投射下长长的影子，让地面上的阴影变得更浅或更深，也有一部分被完全遮蔽起来，使阴影的层次变得更加丰富。问题是——或者说我觉得特别难画的部分是——颜色的深度，那种大地强大的力量和踏实感。然而画它的时候，我才发现原来暗处也有如此丰富的光影，留住光，同时又表现出阴影，表现出色彩的丰富深入。任何壁毯都不能表现出像秋天的林地这样丰富的色彩，辉煌灿烂的红褐色，借着秋日夕阳的余晖，调和着丛林织就的色彩。

在这片林地上，山毛榉的幼苗如雨后春笋般冒出，阳光投射过来，亮的地方更添一抹鲜亮的绿，而阴影部分，是它们的树干所呈现出的温暖而浓郁的墨绿色。这些细长的树干背后，是褐色的大地，远处是灰蓝的天空，细腻而温暖，泛着淡淡的蓝。与天空交界的是一片朦胧的绿意和交织着黄叶的小树林。几个拾柴人的身影在那儿晃来晃去，使得光影充满神秘感。

一个戴白帽的女人弯腰去捡枯枝，她的形象一下子就在红褐色的大地上突显出来。光投在裙子上，拉出一条阴影，一个男人的黑暗轮廓出现在灌木丛上。白色的软帽、肩膀的线条、女人的胸部，在天空的背景中勾勒了出人物的轮廓。这些人物真是绝妙而富有诗意。不仅如此，深邃的光影色调，让他们看起来像艺术家工作室里塑造出来的精美雕像。

画这张画可真是个苦差事。画地面用掉了我一管半的大管白色颜料，但地面还是显得很暗，同时用了红色、黄色、棕赭石色、黑色、土褐色和深褐色，最终的效果是红褐色。颜色变化从深褐色到深酒红色，黯淡的投影，金黄色，总体还是偏红色。而且，那儿还有苔藓和鲜嫩的草地，它们在明亮的光线下熠熠生辉，微妙的变化很难画准确。然而，这样的光影效果不会持续很久，我必须很快把它画出来。人物形象用硬画笔有力的笔触来表现，寥寥数笔，一气呵成。小树深深扎根于土壤的效果很令人着迷，一开始我用画笔画，但由于地面已经画得很厚重，笔触画上去就被淹没了，所以后来我把颜料直接从颜料管中挤到画面上，再用小笔堆出根部和树干的效果。

我怎样画画，我自己也不知道。我就坐在那儿，手拿

No.228
斯海弗宁恩海滩
View of the Beach
at Scheveningen

空白的画板，对着眼前的景色，我看着这一切，告诉自己：这块空白的板子将会成为作品。

如你所见，我完全被我自己的画吸引了。我醉心于色彩——虽然我直到现在才开始使用色彩，但我一点都不后悔。

从那幅海景的草稿你可以看到，有一种金黄色的、柔软的感觉，而在林中，是一种更清醒的、严肃的情绪。此生能感受到这种美，我深感欣慰。

—

1882年9月9日 | No. 229

森林秋色已至，我也满心扑在这风景上。秋天有两方面特别吸引我。有时，在缄默的光线和朦胧的色调中，树干优雅而纤细，落叶凋零带来些许忧伤。

我也喜欢秋天更加强健粗犷的一面，比如，那种强烈的光线效果，打在正午烈日下挥汗如雨的挖掘工身上。我觉得通过绘画，我能更好地感受和处理光线，这将为我的绘画创作增加一个全新的维度。我感受到身体内前所未有的创造力。我深信，总有一天，这么说吧，到那时我每天都能画得很好，经常有好作品。

例如，我画了一幅诺德沃[16]的土豆市场的素描，工人们忙碌着，女人们挎着刚从船上卸下来的篮子，看起来真有趣。这个场景里，有些东西我一直想用强有力的绘画手法来表现——充满生命力和动感的场景、不同的人群。

我正在尽力达到我追求的表现力，我是如此渴望创造美好的东西。但精致的作品意味着无比细致的工作，一次次失望，一次次坚持不懈。

这儿有另一幅林间的风景，画于雨后的傍晚。自然景致如此壮丽，以至于我无法用言语表达，青铜色与绿色相间，四处落叶缤纷。

—

1882年9月11日 | No. 230

你也许记得，上一封信里提到我去了一个土豆市场，画了好多素描才回家，真是太有意思了。然而，事实证明海牙人是这样对待画家的：一个小伙子，从我身后或是从窗户里，对着我的画一撮撮地吐嚼过的烟草，有时候真招人烦。不过，我并不因此沮丧，他们没什么恶意，只是完全不理解我，可能觉得我是个疯子，因为我画的那些线条，对他们来说毫无意义可言。

我最近忙着画街道上的马。有时我真想自己有一匹马来做模特。比如，昨天有人背后议论我："瞧瞧，这算什么画家啊，居然画马的背面而不画正面。"真是笑死我了。

我很喜欢在街上画速写，上一封信就提到了，我决定要画出一定水平来。我全身沾满了颜料，有些都沾到信纸上了。

—

1882年9月17日 | No. 231

近来，我花了很多时间在斯海弗宁恩海滩，有一天正巧碰到一只归航的小船。灯塔边有一间小木屋，有个男人正在

16　诺德沃（Noordwal），荷兰海牙的一条街道。

Daar waar ik die aardappelmarkt zag is het zoo aardig.
al het arme volk van de Geest van het Ledig erf
en al die hofjes daar in de buurt. Komt dan aanhoudend
steeds zijn daar dergelijke scènes nu is 't een schuit met
turf — dan weer een met versch dan met steenkool enz enz
Ik heb eene menigte schetsen van Engelsche artisten
uit Ierland — mij dunkt die buurt waarover
ik u schrijf moet veel van een iersche stad hebben.
Ik doe al mijn best en kracht achter te zetten
want ik verlang er zoo sterk naar mooie dingen te
maken — Maar mooie dingen kosten moeite —
en teleurstelling en volhouden. Zeker zag ik een
stukje van 't bosch 's avond
na den regen. hoe prachtig
dat effekt in de natuur was
kan ik u niet zeggen —
met het brons van het groen
en de afgevallen blaren
hier & daar.
Ik wou dat gij er 's avonds
eens kondt wandelen
in dat prachtig herfstbosch
hier — Hetgeen ik er dit jaar uit Parijs
zal brengen is nog maar een schralen oogst
enfin — toch koop ik een paar dingen.
en later hoe langer hoe meer —
Spoedigst er mijn verf op — ik hoop hartelijk
dat gij zelf niet in 't naauw zijt. In elk
geval hoop ik ge 10 Sept. het gewone zult kunnen
zenden. Ik moet van middag nog naar
de aardappelmarkt — daar te schilderen gaat niet
van wege 't volk — ik heb er toch al dikwijst genoeg
last van. Men moest maar overal binnen
in de huizen mogen loopen & zonder complimenten
voor de ramen gaan zitten. Enfin — het is zaterdag
en dus u er zeker wat te doen zijt bij gij is om te zien
Het beste u toegewenscht — weet dat ik dagelijks aan
u denk. adieu met een handdruk

Vincent

No.229

No.231

瞭望。小渔船漂进视野的时候，那人拿着一面蓝色大旗走了出来，后面还跟着几个只有他膝盖高的小孩子。显然，跟着这个拿旗的男人是他们的一大乐事，借此幻想着他们自己也为渔船的归航出了一把力。那人摇了一会儿旗之后，又有个人骑着一匹老马过来了，他是来拖锚入港的。

这群人之后，男女老少都来了，还有带着孩子的妈妈们，来迎接船员。

渔船靠近海岸的时候，男人策马进入海水中，把锚拖上岸。之后，穿着涉水高筒靴的男人们背着船员上了岸，嘈杂的欢呼声迎接着每一个归来的人。他们都到了岸上后，立刻被人群前后簇拥着，就像一群羊或者驼队，还有个家伙骑着骆驼——我是说马，仿佛一个高大的幽灵。

很显然，我的所有注意力都集中于在草稿上描绘出这些不同的事件。我已经给其中一部分上了色，比如我在这幅草稿中画的人群。

可是，把握住生动的瞬间真的很难，安排人物位置，画好每个形象都很难。画好"人群"是个大难题，要看起来整体，上半部分是头和肩膀层叠交错，而下半部分只有最前边的人的腿是看得清楚的，后边人群的裙子和裤子等看上去就有些乱了，但仍能看出层次。

然后，画面左右两侧要根据视角远近的变化需求来安排。整体来看，画人群的原理和画羊群是一样的，法语里的"群"一词就是这么来的。无论人群是在市场、归航的海岸，还是在厨房、候车室、医院、当铺，或者一群人在大街上走路或交谈，一切都归结于共同的要素：光线、色调和视角。

—

1882年9月18日 | No. 232

绘画和写字感觉差不多。小孩学写字的时候就有那种感觉，觉得这像是一项永远无法掌握的技能，看到校长写得飞快都能视为神迹。尽管如此，随着时间的推移，我们就掌握了这项技能。我真的觉得学画画也是这样的过程，总有一天，它会变得像写字一样自然，你需要在脑子里想好比例，学会观察它们，这样就可以随意将你看到的东西在纸上重现，无论大小。

这些天的坏天气格外美妙——下雨，刮风，雷暴，但景致效果绝伦，这就是我认为它美好的原因，不过，真的太冷了。我能出去并坐在户外写生的时间越来越短，但我想在冬季到来之前，尽可能多地积累素材。

—

约1882年10月1日 | No. 235

你还记得斯普街街口的摩曼[17]的全国彩票办公室吗？一个下雨的清晨我经过那里，人们正挤在外面等着买彩票。大多数是老妇人和一些猜不出职业或谋生手段的人，但能看得出来他们有的匆忙而焦虑，有的则悠闲地享受着生活。这群人看上去对"今日大奖"十分着迷，对你我来说这看起来实在可笑，因为咱俩都没这个手气。但是这一小撮人和他们期待的表情，深深吸引了我，我动笔后，这种表情的意味比打量的时候更强烈而深刻。

如果把它命名为"穷人与钱"，这幅画会更有意义。实际上，对所有群像的创作来说都是这样。有时，思忖再三才能真正了解它的意义，这些人对彩票的好奇和幻想对我们来说看似幼稚，可一旦人们换个方式去考虑就会

17　斯普街（Spuistraat），位于荷兰海牙。摩曼（Cornelis - Jacobus Josephus Mooijman，生卒年不详），荷兰海牙市彩票机构的销售员。

No.235

觉得非常庄重：这些穷困潦倒的人节衣缩食省下钱去买彩票，幻想着可以因此得到拯救，摆脱贫困，他们把这当作了对现实悲惨境遇的反抗或者暂时的忘却。不管怎么说，我就这个题材画了一幅大的水彩。另外，我正在画一幅在吉斯特的一个小教堂里见过的长椅，救济院的人常从那儿经过（在当地，他们有个很形象的名字——孤儿或孤女）。只要我拿起笔画画，世界上就再也没有比这更幸福的事了。

这是那些长椅的一部分，此外，背景里还有一些男人的头部画像。

当然也是群像，我用黑色寥寥数笔带过，画中也有鲜艳的色彩：蓝色的上衣和棕色的夹克，白色、黑色和黄色的工装裤，褪色的披巾，浅绿的长大衣，白色的呢帽和黑色的礼帽，泥泞街道上的鹅卵石和靴子，这一切都和那些苍白的、饱经风霜的脸形成了鲜明对比。油画或水彩有用武之地了。总之，我要开始画了。

—

1882年10月22日 | No. 237

现在是典型的秋天，多雨、寒冷，特别适合刻画人物。人们三三两两站在街道上，天空倒映在湿漉漉的路面上，很有情调。

因此，除了画那幅彩票中心前面的大水彩之外，我还有别的题材可画，我也开始画另外一幅海滩了。关于人们某些时候的状态，我完全同意你的看法，好像我们对自然的感知不再敏锐，或是自然也不再对我们敞开心扉。

此时，我工作室窗外的景致绚丽多彩。地平线上的一

抹光亮中，小镇的尖顶、平屋顶和烟囱像是昏暗的黑色剪影。这束光就是大笔触简单的一抹，其上是倾盆大雨，挨着地面的雨线格外密集，到了高处则被秋风撕扯成一簇簇或一大片，风雨飘摇。但是那抹光映射在潮湿的屋顶上，在灰暗的城镇中，零零落落地反射着微光（在画当中，用一抹人体色彩能使效果脱颖而出），这就是说，尽管画面整体是一个色调，红色的瓷砖和屋顶瓦片的差异依然可见。施恩伟格大街贯穿整个前景，就像雨中那道闪烁的光芒，杨树上挂着黄叶，运河的两岸和草地都是墨绿色的，人影则是黑的。

—

约1882年10月10日 | No. 238

户外写生得暂告一段落，因为在外面坐着不动实在太冷了，所以我们不得不回到了我们的冬季居所。

我还是很喜欢冬天的，如果在这个季节还能继续工作，那简直棒极了。我希望一切顺利。

—

1882年11月上旬 | No. 242

当人郁闷时，沿着空旷的海岸漫步，欣赏着灰绿色的大海卷着长长的、层叠的白色浪花，该有多美好啊！但如果你寻求的是一种雄伟、无限、能让人感知神迹的经验，那也不用舍近求远，我想我体验过比海洋更加深刻，更加接近无穷、接近永恒的时刻，那就是婴儿在清晨醒来时愉快的咿呀声，或是看到阳光洒落在他的摇篮时的咯咯笑声。如果真有"天堂之光"，或许也可以在那里找到。

—

斯海弗宁恩风景 View of Scheveningen

我告诉自己，我的志向无比明确，那就是全力以赴地画画。因此，就在写这封信之际，我又画了一些新画。

第一幅是一个播种的人。他是个魁梧的老头儿，高大的剪影镶嵌在黑暗的背景之中。远处，屋顶满是青苔的荒野小屋，云雀在空中掠过。这个男人长得像只公鸡，刮得干干净净的面庞，配上高鼻子尖下巴，小眼瘪嘴，长长的腿穿着靴子。

接下来一幅还是播种者。他穿着一身浅棕色的斜纹夹克和裤子，浅色的身影在黑土地的映衬下很显眼，土地的尽头是一排修剪过的柳树。

他的形象与众不同，络腮胡、宽肩膀、五短身材，壮得像头牛，只有田地的劳作才能造就这样的身躯吧！如果你愿意，可以把他想象成长着厚嘴唇、宽鼻子的因纽特人。还有，牧场上一个拿着大镰刀的割草人。他头戴棕色羊毛帽，衬着清澈的天空。再接下来，是一个穿着短夹克、戴着大礼帽的老头子，在沙丘会常遇到的那种。他正提着一筐煤回家。

这组人物形象都在劳作，我认为这是保持这类题材最重要的一点。你肯定了解，有很多很多画是表现放松状态下人的美感，但这样的画太多了，远远多于对人们劳作时的描绘。

画静态的人物是一件令人着迷的事，而表现行动则非常难。况且在很多人看来，表现前者比其他主题更有吸引力。

但这种"吸引力"不应该掩盖真相，真正的生活中劳多逸少。所以，我一定要努力描绘真实的状态。

No.251
※ 两个播种者
Two Sowers

开花的果园与情侣：春

Orchard in Blossom with Couple: Spring

雪地中的矿工：冬
Miners in the Snow: Winter

III
1883

1883年间，梵高继续创作了很多素描。其中包括人物习作和海牙街景，体现了他对底层民众生活题材的持续关注。这年夏天，他一直在画挖煤工和挖土豆工。尽管他偶尔也画水彩和油画，但依然专注素描，主要原因是油画的费用太高。

他经常光顾海牙周边的农村，可见他对乡村生活的向往。而且，城市生活方式开销太大，也一直是他的心病，加上他的家庭关系迅速恶化，这些因素都导致了他的情绪日益焦躁。

8月，一封伤感的信（No. 309）暗示了他当时的心境：他思忖着提早到来的死亡，表达着坚持疯狂工作的决心，即使牺牲身体健康，也在所不惜。这封信预示了他之后的情绪不稳定，以及他对其艺术创作的狂热。

秋天，他与西恩分手了，他离开海牙去了远方的德伦特省[1]。在那里他希望可以建立自己的艺术家园。尽管当地独特的风景给了他灵感启发，但梵高没有成功地实现他的乌托邦梦想。与此相反，他饱受了几个月的孤独和生活必需品的匮乏，而且提奥汇款的延迟到达加剧了这种情况。在短暂地考虑去投奔在巴黎做画商的提奥之后，他决定还是回到父母身边——他们当时住在小城市尼厄嫩[2]。

回到家中的最初时光，梵高与家人的关系比较紧张，主要原因还是对西恩这段感情纠葛的积怨。不过，尽管关系冷漠，梵高依然在这里住了将近两年。

1　德伦特省（Drenthe），荷兰东北的一个省份。
2　尼厄嫩（Nuenen），荷兰的一个村庄名，梵高父亲工作的地方。

1883年 2月5日 ｜ No. 264

日落时分，当你在伯泽伊登霍特[在海牙]或树林里散步，暗色的云镶着银边，美得简直无与伦比，让人回忆起旧时光。从画室的窗向外望去，景色也十分宜人，看那草地，你还以为春天依然遥远，空气里却时不时有暗香袭来。

—

约1883年3月2日 ｜ No. 270

尽管这些描绘市井生活的作品还未完成，也不够完美，但我想它们足以代表海牙的吉斯特区，或者阿姆斯特丹的犹太区。这幅素描并不是偶然之作，我能把自己看到的各种场景都画成这种水平，达到这种栩栩如生的色彩与色调。如果你把这些画与我冬天寄给你的版画和素描头像做比较，就能明显地从这些不同的失败作品中看出我所追求的境界。我还画了很多大幅的头像习作，比如，有戴护颈防雨帽的、披肩的、白色系带帽的、高筒礼帽的和便帽的。这些习作为我寄给你的那些作品打下了基础。

对于水彩而言，杰出的作品仰仗的是娴熟技法与一气呵成。你必须趁着半干的时候画画，以取得画面的和谐效果。这期间没有多少时间给你思考。所以水彩不能依靠慢功夫，绝不能，几乎得同时构造出那二三十个头像，一个接一个。有一些关于水彩的有趣说法：水彩是魔鬼。另一个是惠斯勒[1]说的："是的，画它只用了两个小时，而我为此付出了多年的努力。"

闲话少说——我太热爱水彩，所以永远不会放弃它，我一直在勤奋绘画。但是一切的基础在于对人体的认知，只有如此，才能迅速地画出男人、女人和儿童的所有动态。我专注于此，因为我相信，除此之外，别无他路。

我正在尝试让自己的知识和技巧在总体上到达新的高度，而不是担心某些局部的素描。如果花一个月来画素描，我会相应地画几幅水彩，比如用水做做尝试。这样我就知道这段时间以来我解决了一两个问题，但是新的难题又接着出现了。然后，我就会重新努力去征服新问题。

我的颜料已经用光，不仅如此，因为一两项大的开销，我现在不仅身无分文，而且一无所有。春天要来了，我还想为此画几幅油画。这当然也是为什么我在此刻没有动手画水彩的部分原因。

然而，我一直在为画油画做各种间接努力。目前，由于画室的改善，我可以更好地研究明暗对照法，还可以越来越多地用画笔来画黑白作品，可以用浅淡的墨鱼汁、印度油墨、氯化铅黑土等色彩，以简单的笔法渲染出景物的光影效果，并且可以用中国式的留白突显出光线的效果。

你记不记得去年夏天你给我带来的几支天然粉笔？我曾试着用了几次，但是不甚成功。于是就剩下一些，有一天我又拿起来试了试。附上一张用粉笔画的草稿。你一眼就能看出特别之处，暖黑色。如果今年夏天你多带一些给我，那么真是不胜感激。天然粉笔的好处很明显，非常坚固，画素描时更称手，而不像孔戴色粉笔那样纤细，不好拿且易碎，所以天然粉笔是去室外速写的好工具。

—

约1883年3月4日 ｜ No. 272

天刚刚黑，我早就想寄给你今天的这幅画，因为它很有趣，我以前的信里提到过它。今天早晨我开始画另一幅水彩，画的还是跟你讲过的那个施粥所里的男孩和女孩，角落里还有一个女人。之前那幅水彩已经变得灰暗，一部分原因是那种画纸并不合适于画水彩。

然而，我发现现在的画室极适合画色彩，而且很显然，

1　惠斯勒（Iames Abbot McNeill Whistler, 1834—1903），美国艺术家。

No.270

No.270

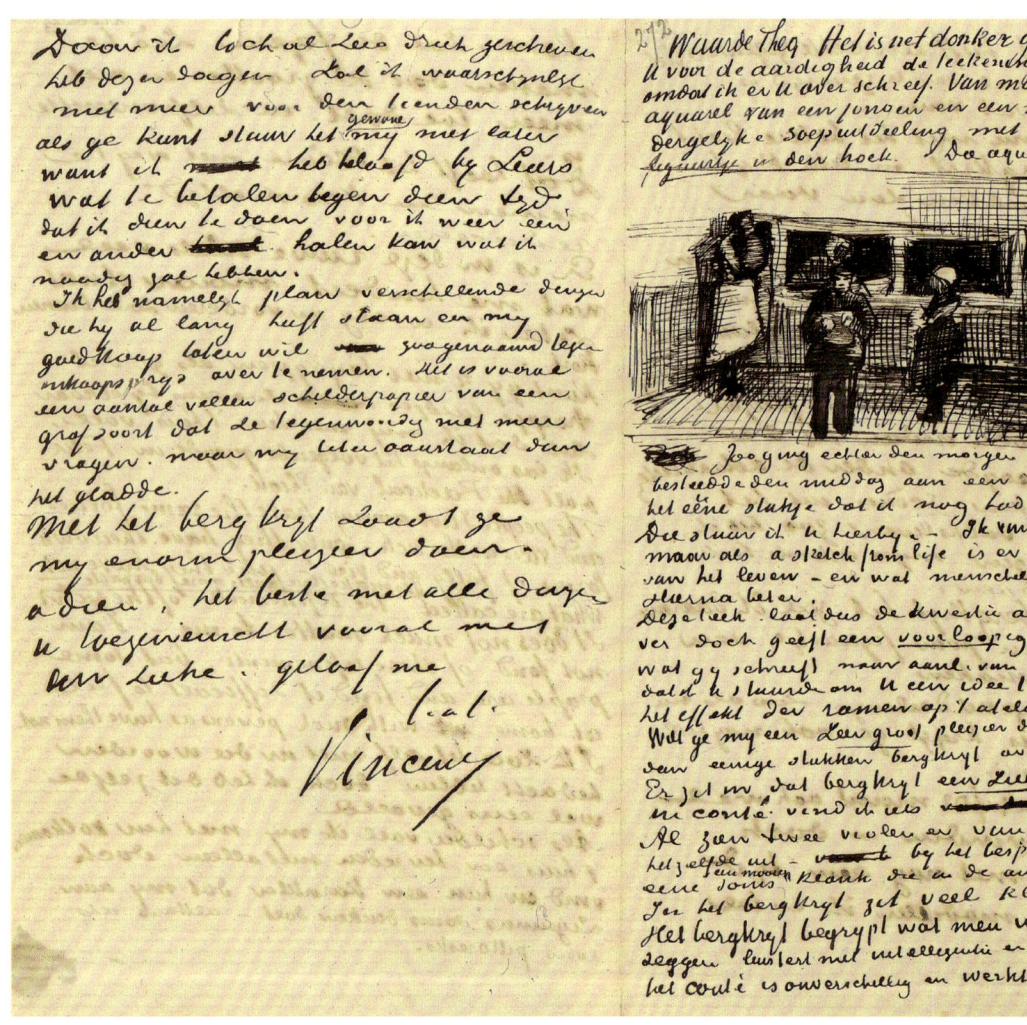

No.272

我也不会轻易放弃画色彩。于是，我早上画水彩，下午接着用去年夏天剩下的天然粉笔画画。我现在把这幅草稿也附在信里，虽然我认为它还未完成，但是作为一幅写生，在某种意义上，它诠释了生命和人情。我下次会画得更好。

—

1883年3月11日 | No.274

我常常觉得自己无比富有，当然不是指金钱方面（尽管我现在贫穷，但也许不会一直如此），而是我有幸找到了自己的事业，可以为之投入全部身心和灵魂，而这份职业又能给予我启发，赋予我生命的意义。

我的心情是多变的，这不用多说，但是一般来说，我能保持内心的宁静。我对艺术有着强烈的信仰，坚信艺术如激流，能将人带到极乐之境，不过，人本身也需要付出努力。我想不论怎样，一个人找到他自己的事业，真是莫大的福泽，我怎能觉得自己不幸呢？

我的意思是，就算身处困境，人生灰暗，我也不愿意、也不应该被看成是一个不幸的人。

No.275

约1883年3月21日 | No.275

这页纸的背面，是我今早开始的一幅画的草稿，最后辛苦了一整天才画完。这也许是我有史以来最好的作品，至少在光和阴影的处理方面是这样。我现在把它的草稿发给你，尽管在信纸上我不能再现原画的感染力，因为草稿比例失调，缺少原画中的前景，但我想你从中能看出来，在画室的光线改变之后，我大有收获。人物在逆光中，为了表达这种效果，只有轮廓线远远不够，因为单一光源能使模特的造型更具个性，也让画面中的高光彼此和谐融洽。一开始，这个方法给绘画增加了难度，也带来了其他耗费精力

的问题，比如怎样安排人物和布置光源，使人物得以突出和完美展现。不论在室内还是室外所见，必须要结合光线整体考虑，以再现场景。

—

约1883年3月21—28日 | No.276

在我看来，上周很冷的那几天才是真正的冬天。雪景和不同寻常的天空，美得令人难以置信。今天的融雪甚至更美丽。

依我说，这才是典型的冬天，是那种令人忆起往事的天气，即使寻常事物，在此时看起来也与以往不同，让人不由得想起从前驿站马车和四轮邮车时代的老故事。

比如，这是我凭想象画的一幅草图。画的是一个因驿站马车延误之类的原因在乡下旅店过夜的男人。他早早地起床了，喝了一杯白兰地御寒，正付钱给旅店女主人（戴着农民软帽的瘦小女人）。天色尚早，破晓时分，但他必须赶上这班马车。月光依稀，透过公共休息室的窗子，还可以看到雪地映射的微光和景物有趣而梦幻的光影。这个故事实际上没有任何意义，这幅草图也没什么，但是你早晚会明白我的意思：这样的日子里，总有一些莫名其妙的东西，让人有将它画在纸上的冲动。

简而言之，有了雪，整个自然都是难以置信的美丽——黑与白的博览会。

最近还一直在画草稿，寄给你另一幅简略的粉笔画，摇篮旁的小女孩，与之前你提到的女人和小孩的那幅画风相似。真的，这支天然粉笔，真是个有趣的工具。另一幅草稿画的是船长，我用了中性色调和墨鱼汁渲染。

—

1883年4月 | No.278

谢谢你美好的生日祝福。生日那天我相当高兴，因为我找到了一个极佳的挖掘者当模特。

No.276
乡村旅店的男人
Man in Village Inn

请你放心，工作越来越让我感到愉悦，或者可以这么说，更多是一种工作带来的内心的慰藉。这让我想起你，正是有了你的帮助，我才得以工作。没有不可逾越的障碍，没有任何的绳索桎梏。有时候，困难也是一种激励。现在是再加把劲的时候了。我的理想是画更多的模特。在寒冷的天气里，在失业中，在需要帮助时，画室可以成为穷苦人的某种庇护天堂。他们知道画室有温暖的壁炉，有吃有喝，而且还能挣一点小钱。现在规模尚小，但是我希望人数会增加。

—

约1883年5月26日，拉帕德 | No. R36
我们经历了多么美妙的事啊，对吧？我用木炭和绘图墨水画出了这幅采煤工。没使用最浓重的印刷墨水，所以，画面没有我想象中那么强劲有力。我觉得木炭的唯一缺点就是太容易被擦掉，一不小心就会蹭掉画好的部分。而我不愿画画的时候太过小心翼翼。

—

约1883年5月30日 | No. 287
这一周我都在忙着画一幅大素描，我会发给你一个小的草稿。画的是沙丘上的采煤者，这幅画的终稿长一米，宽半

米。自然景色美得让人惊艳，其中衍生出无数可以入画的主题。过去的几个星期，我花了很多时间画了许多习作。拉帕德看了其中的一部分，但是他在这儿的时候，我们不知道如何将它们整合在一个画面里。但是后来我画出了这个构图。我差不多能把它们组合在一起后，画面看起来真的不错。我凌晨四点就已经在阁楼里画画了。当你看到这幅画的时候，我希望你不会觉得它太大。

人物的比例需要这样的构图方式，才能有力地表现他们，每一个人物都需要单独的习作。画中所有人物我都画了草稿。创作这幅画，我用了木炭、天然粉笔和印刷墨水。

—

1883年6月3日 | No. 288
我和范·德·韦勒到了德克斯多因[2]，碰巧经过那个采沙场。这之后我又去过那里，一天到晚都在忙着画模特，因此，第二幅画已经构思好了。它表现了推着手推车的男人和挖掘者。我试着去画一些这样的速写，但是构图太复杂，而速写中很难顾及细节。人物可以从详尽的习作中提炼出来。

我将妥善管理自己的时间，以便于画更多的大幅作品，并且现在开始起草两幅新的作品。我也想画林中的伐木工人和垃圾堆中的拾荒者，还有从沙丘中刨土豆的人。

2　范·德·韦勒（Herman Johannes van der Weele, 1852—1930），荷兰艺术家。德克斯多因（Dekkersduin），荷兰海牙以前的一个沙丘，深受风景画家喜爱。

No.287 ※

No.288
※ 德克斯沙丘的沙坑，海牙附近
The Sand-Pit at Dekkers's Dune Near The Hague

1883年6月4日或5日 | No. 289

我打算去观察拾荒者，所以今天凌晨四点钟就出门了。我这样做已经有一段时间。完成这幅画还需要画马的草稿。今天我在莱茵铁路的马厩已经画了两幅，可能还会在垃圾场找一匹老马。

垃圾场的情景很奇妙，但是很复杂，也极有难度，肯定要费一番功夫。很早之前我就做了一些尝试，那个可以看到一丛新绿的视角，可能就是终稿的方案。

跟上面的草稿不同，作品中的一切都运用明暗对照法，包括前景中的女人和背景中的白马，与一丛绿色的植物和上面一抹天空相对照；在透视中渐渐模糊的破烂窝棚和灰头土脸的灰色人物，与新鲜和干净的事物形成强烈的对比。在明暗对照法的色调中，一组女人和马变得更亮，拾荒者和粪堆，则显得更深。前景中散布着破破旧旧的东西，一些旧篮子、生锈的街灯、破罐子等等。画最初那两幅画的时候，我有太多想法和尝试其他东西的欲望却无从下笔，但是现在，我集中精力去画垃圾场了。

—

约1883年6月4—9日 | No. 291

垃圾场的画画得非常顺利，我差不多捕捉到了羊圈内外侧的对比，以及阴暗的羊圈底下的光线。我开始画一群在倒垃圾的女人，已经初步成形。但对远处来回往复的手推车，以及在棚子下面拿着叉子翻捡垃圾的人，仍不能草率地处理光影效果，恰恰相反，这种效果更要增强。

—

约1883年6月10日 | No. 292

垃圾场的画是这样的构图。我不知道你有什么看法。前景中，女人们正在倒垃圾，她们身后则是一些堆着垃圾的棚子，男人们推着手推车工作，等等。第一版素描非常不同，前景中是两个人，戴着天气不好时常戴的防水帽，素描中的女人们的颜色也更暗一些。光影的感觉特别好，光线穿过棚子的缝隙流泻到人物身上，要是能画好该有多棒啊。我相信你一定理解我。我希望能跟莫夫讨论一下。不过也许还是不要了，因为不论其他人多明智，他们的意见也并不总能起到帮助的效果。最聪明的人并不见得总能把事情解释得足够清楚。

—

约1883年6月14—15日，拉帕德 | No. R37

一旦对某个主题有了灵感，或者开始了解它，我就会画三幅或更多的不同版本。不论是人物还是风景，我总是在他们中融合彼此的特质。我甚至还尽量避免去描绘细节，因为细节会让其令人魂牵梦绕的特征消失无踪。当特斯蒂格、我弟弟和其他人问"这是什么？草地还是卷心菜"时，我会说："我真高兴你们也弄不清。"但是，这些景物的本质被充分地表现了出来，当地令人尊敬的淳朴乡民毫不费力就可以辨识出细节来——其中有很多连我都没有留意到——他们会说："是的，那是雷内塞夫人的树篱，那些是德·洛为豆苗准备的架子。"

—

1883年6月13日或14日 | No. 293

我计划创作一幅更大的画——挖土豆的人。我的思想被这件事牢牢地占据着，你或许能从中窥见些端倪。画中的地貌，我想用一些平坦的土地和一线丘陵。人物大概有三十厘米高，三十到六十厘米宽。

Het geval daar aan de mestvaalt is
prachtig maar zeer gecompliceerd
en moeielyk en zal veel stryd
koslen. Heel in de vroegte maakte
ik eenige plans. Een waar men een
doorkykje heeft op een heel klein schitterend
plekje frischheid van groen zal wel het
definitieve worden denk ik

Het is als als bovenstaand krabbeltje en alles
ook de vrouwen op den voorgrond en het witte paard
op den achtergrond moet in clair obscur komen
tegen het vakje groen met een beetje lucht er
boven. Zoodat men de oppositie krygt van
al die sombere loodsen en al dat vuil en die
graauwe figuren tegen als reins en frisch
In den toon van het clair obscur veroorzaken de groep
vrouwen en het paard lichtere partyen en
de schflonners en de hoopen mest donkerder
vlakken

No.289

87

Ik vind hem zeer opregt en degelyk en geloof dat
juist als ... hy schynbaar ... er snel overheengeloopen is
hy niet minder raisonable en juist in zyn teekening
is gebleven après tout Hy is een van die mannen
die ik niet persoonlyk ken en toch als ik iets van
hem zie kan ik me voorstellen hoe hy 't gemaakt
heeft

Zendt gy 't schy van Blommers van der Salon
niet mooi ik zag 't schy niet maar wel de
reproductie Ik vind het net als als of 't van Bretn
was en meer prospre er en dan B. gewoonlyk
heeft.

Op dit oogenblik heb ik niet minder dan 7 à 8
stuks teekeningen onder handen van 1 meter zoowat
in afmeting dat ik dus tot over de ooren
in 't werk zit zult ge u wel kunnen denken
Maar ik heb zoo'n hoop juist door dezen tyd
van spouwery myn hand wat vaardiger te maken
Zoo byvoorbeeld begint den ... die ik had
om met houtskool te werken met den dag meer
weg te gaan Dat lygt ook daaraan dat ik er iets op gevonden
heb om de houtskool te fixeeren en dan met iets anders
... 6 v. drukinkt er over heen.

Liehier een krabbeltje van aardappelroeiers maar ze zitten als verder uiteen op de teekening

Nu zoo terwijl ik schrijf denk ik aan dien avond — ge herinnert U u misschien afschoon 1 jaren geleden is — dat gij ~ ik samen een avond doorbragten by Mauve toen hy nog woonde by de Kazerne en nog een photographie naar een teekening van hem kregen een ploeg — Weinig dacht ik toen ter tijde ik zelf zoode teekenen weinig dacht ik toen ter tijde ook dat er moeijlykheden zouden komen tusschen Mauve my

Ik blijf betrekkelijk me verwonderen dat 'tmet 't eregt komt te meer omdat er eigentlyk als men 'tregt in den grond zou nagaan omtrent zoo goed als niets verschil van inzigten bestaat.

'Is nu zoo lang geleden trouwens dat ik tegenwoordig myn opgeruimdheid weer terug begin te krygen wat ld werk betreft en een vertrouwen dat het toch gaan zal Ik heb dat al vroeger ook wel gehad ondanks alles maar men raakt toch van streek onwillekeurig & heeft een melankolieh gevoel als zulke personen het afkeuren of 't geen men doet een slechten weg noemen.

Schrijft ge spoedig? Uw brief zal weer zeer welkom zijn als altijd. Wilt ge wel gelooven dat een figuur zoo van een voet groote volstrekt niet gemakkelyker te teekenen is dan een kleine — Integendeel — het komt er alles veel meer op aan — en om het op die groote toch naar proportie even kroebij te krygen als kleene byzonder is soms een erge spouwery. Adieu kerel heb goede dagen en dat maar goede jaren met een handdruk

t. à t Vincent

在前景的一个角落，是几个跪在地上刨土豆的女人，起到一种视觉引导的作用。她们之后的背景是一行挖掘者，有男有女。画面透视的空间应该被巧妙地安排，这样我就有地方把手推独轮车放置在与刨土豆的农妇们相对的角落了。而且，除了跪着的那些女人，其他所有人物的大幅习作也都画好了，可以给你看看。

是的，我想这几天就开始画这幅画，大体上我已经在心里打好了底稿，再花点时间找一块不错的土豆田，起草风景的线条。

等到秋天，人们开始收获土豆的时候，这幅画应该也完成了。起码会有一个完整的素描稿，这样我就只剩下增加阴影和一些收尾工作。

后面那一排挖掘者，应该只有乍一看或者远看才能注意到，近看则只是一些深色的形状。但是他们应该各具不同的衣着、动作和神态。

举例来说，一个普通的家伙和一个典型的斯海弗宁恩老人，穿着黄白相间的大衣和戴一顶呆板的老式礼帽，帽子一直拉到脖子上。

一个矮小健壮的女人，身着朴素的黑色，旁边是一个高个子的短工，身穿白裤子和浅蓝色罩衫，头戴一顶草帽，看起来就像那个年轻女人身边站着个光头。

我把这些刚画完的不同人物的习作对照研究，就萌生了这些想法。

我在寻求一些不同于比坦和勒格罗[3]的主题，比如掘土豆的人跪在地上，用他们的短叉工作。我最近也在信里提到正在画一些习作。在我的画架上有一幅素描，画了四个人物：三男一女。我想要在轮廓侧影和设计上做一些大胆的尝试。为此我正在不断寻找。这儿有一幅粗略的素描，一些捡土豆的人，但是在画面中，他们之间的距离很远。

—

近来为了换个事情做，我画了一些室外的水彩：一小片麦田，其中一部分种了土豆。而且我还画了一些小幅风景画，作为我正在酝酿中的一些人物画的背景。这些就是我计划的肖像画，画得非常粗浅。在顶部，一个人在烧杂草，下面的人们正在离开土豆田。我认真地思考要去画一些人物习作，主要是为了提高画画的水平。

有一件事我很想去做，而且也觉得自己有能力做好，就是画一幅爸爸站在长满石南的小路上的画，唯一的顾虑是爸爸摆姿势的时候会没有耐心。人物要画得带有强烈的感情和个性，就像我说过的，大片棕色的石南丛，一条狭窄的白沙小路贯穿其中，再用饱含激情的笔画画出天空和有表现力的光线。之后或许画一张爸爸妈妈手挽着手——

3　于利斯·比坦（Ulysse Butin，1838—1883），法国艺术家。阿方斯·勒格罗（Alphonse Legros，1837—1911），法国画家、雕塑家。

No.299

在秋天的背景中，或叶子干枯了的山毛榉树墙下。我还希望在画乡村葬礼时，再画一幅父亲的肖像。这件事难度不小，我正在认真考虑。宗教仪式的细微差别并不重要，抛开这点不同，我觉得无论在类型还是特征上，清贫的村民是最值得同情的一类人。我不试一下就不是我自己了。

—

1883年7月 | No. 300

有一次，在济贫院开放日的时候，我看见一个小园丁，并且从窗户里画了画他。

我直到现在还忘不了那个场景，而现在这幅画，多多少少还原了我记忆中的印象。昨晚收到了一件礼物，我特别开心（是两个测量师送给我的，因为第二个测量师也刚刚到）。礼物是一件正宗的斯海弗宁恩立领外套，非常漂亮，颜色有些暗淡，而且拼接得也很好。

—

1883年7月29—30日 | No. 307

昨天和前天我在洛斯德伊嫩[4]附近散步了，从村子里走到海边，发现这边有好多麦田，虽然不如布拉班特的漂亮，但是依然有人收获、播种、捡拾，这些都是我今年错过的活动，所以时不时会觉得少了些事情。

我画了另一幅海滩的习作。那里有防波堤、码头，还有风化的石头和交织在一起的树枝。我坐在那里画涨潮的水面，直到水漫到脚下，我才被迫捡起所有的东西。在村子与海之间，有一丛丛青铜一样颜色的灌木，在风中飒飒作响。如此熟悉的感觉会让人一下子就想到勒伊斯达尔的《树丛》。你现在可以坐蒸汽火车到那里，很容易就到达，

即使你有行李要带或者是湿的习作要带回家里。这是一幅通往海边的小路的草稿。

今天散步的时候格外想你。我想你会同意，过去的十年里，小镇和斯海弗宁恩附近的沙丘正在失去往昔的自然风采，取而代之的是年复一年增加的轻浮的性格。毋庸置疑，斯海弗宁恩非常美丽，但早已不是等待开垦的处女地了；散步的时候我就告诉过你，未被触碰过的自然对我的触动极其巨大。最近，寂静与自然已经很少对我这样倾诉。有时候，只有在这样的地方，你才能不自觉知文明世界的存在，把所有这些断然留在身后；有时候，你真需要在这样的地方让自己冷静一下。我真希望你能跟我一起散步，斯海弗宁恩恰如我的想象，犹如置身于杜比尼[5]早期的那些画中一样，周围的环境有一种神奇的力量，激发我去做些真正的工作，你一定也会跟我有同样的感觉。

—

约1883年8月4—8日 | No. 309

我对通过多加练习来提高对颜色的掌握这件事，抱有很高的希望。对我来说，最后这幅画的颜色更好更坚实。举个例子，我最近画了些雨中景物，行人走在潮湿泥泞的路上，我觉得这种氛围的表达恰如其分。

大部分画都是风景的印象。并不是说它们都像我在信里展示的这些一样好，因为我常常遇到一些技术难题，但这些画作中依然有些可取之处——比如，小镇的轮廓映衬在夕阳的余晖中，拖船的纤道和风车。

对色彩的确定感，最近也开始在我心中活跃起来，当我画画的时候，开始有了不同以往的强烈感受。我总想画得不那么干巴巴，但是每次效果都差不多一样。不过好在

---

4 洛斯德伊嫩（Loosduinen），一个小村庄，原属于荷兰，1932 年之后成为海牙的一个区。
5 夏尔 - 弗朗索瓦·杜比尼（Charles-François Daubigny, 1817—1878），法国巴比松画派画家。

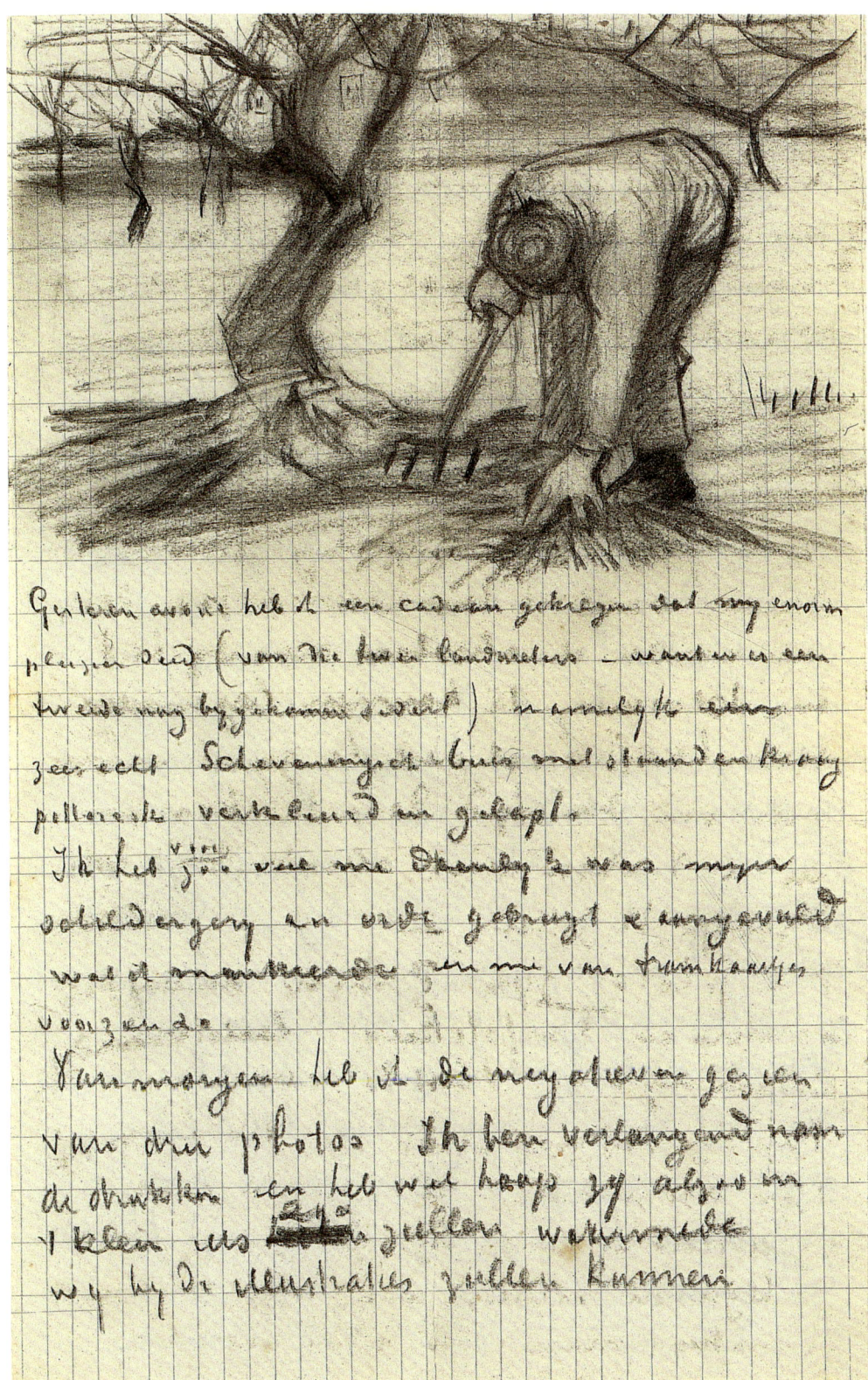

Gisteren avond heb ik een cadeau gekregen dat my enorm
pleizier deed (van die twee landsmeters — want er is een
tweede nog bygekomen sedert) namelyk een
zeer echt Scheveningsch buis met standen kraag
pittoreske verkleurd en gelapt.
Ik heb zoo vee nu Sunday's was mynen
schilderyarey an orde gebruyt e aangevuld
wat er mankeerde en me van trumkaartjes
voorzien de.
Van morgen heb ik de negatieven gezien
van drie photos Ik ben verlangend naar
de drukken en heb wel hoop zy alzoo in
'tklein uit gullen waarmede
wy by de neusplaties zullen kunnen

Waarde Theo.

Het Een van de dingen waarom ik er wel eens over heb
gedacht om te verhuizen zou ook op een andere wijs te verhelpen
zyn Gisteren & eergisteren heb ik eens de buurt van Loosduinen
rondgeloopen — ben o.a. van 't dorp naar zee gegaan —
en heb er talryke korenveld en gevonden wel niet zoo maar
als de Brabantsche maar toch moet men daar mooers
genoeg aren oprapers hebben en een van de dingen zyn
Ik wel niet of gy deze kant kent ik voor my was
en vroeger jaren daar niet geweest

Heb er nog een studie geschilderd aan het strand er zyn
daar eenige zeeweeringen of hoofden piers jetées
en heele goede ook van verweerde steenen en gevlochten
takken Ik ben op een van de gaan zitten schilderen
het opkomend ty tot dat ' zoo dep by me kwam dat
myn boel moest oppakken.

Nu dan daar tusschen 't dorp en de zee staan
struiken van een diep bronsachtig groen verwaaid van
de zeewind en zóó ' dat men van meer dan een
denkt :- Dit is nu de Buisson van huysdael
Men kan daar nu niet de stoomtram heen en dus
is het te bereiken ook als men bagage heeft of natte
studies moet naar huis brengen.

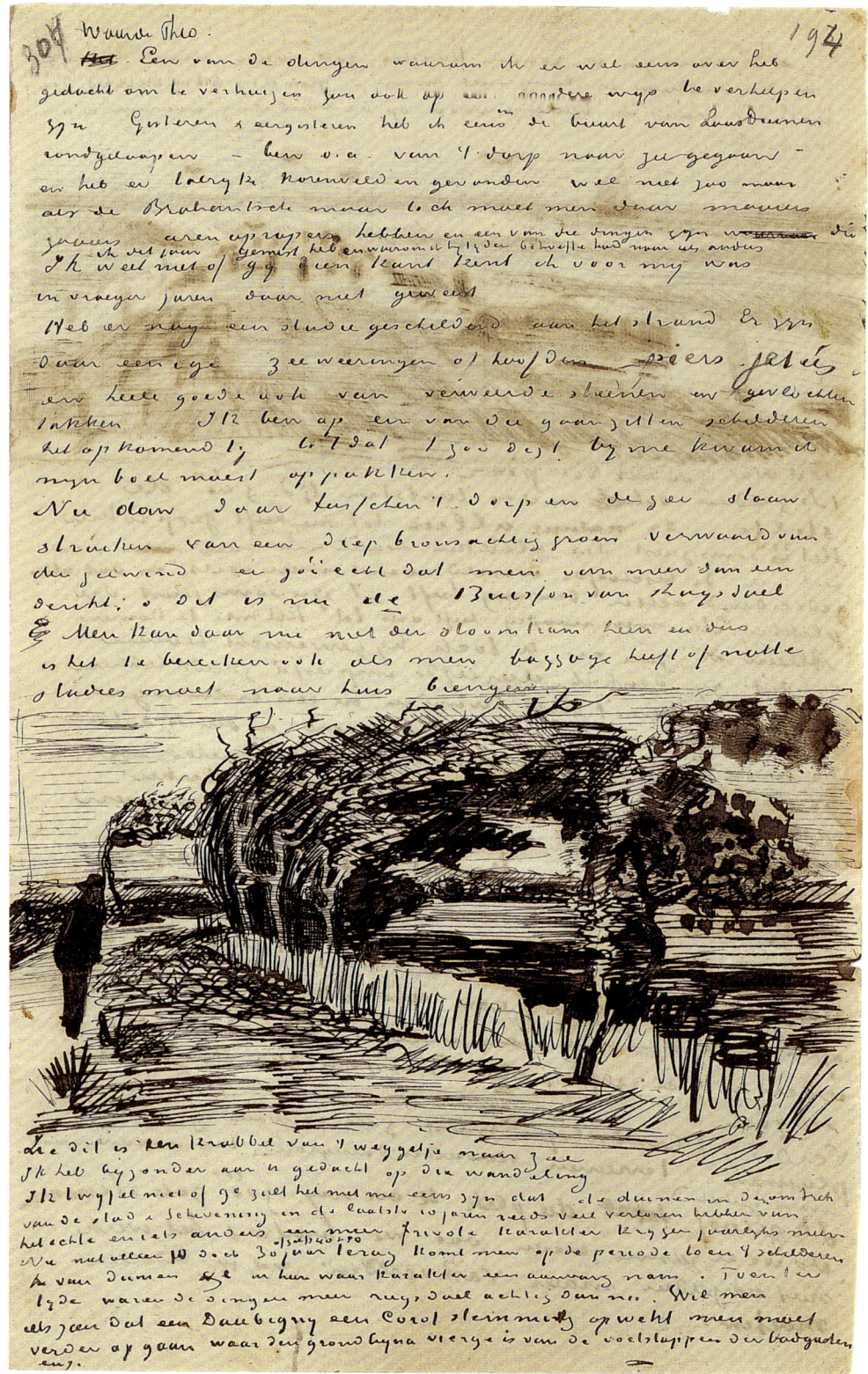

Zie dit is een krabbel van 't weggetje naar zee
Ik heb byzonder aan u gedacht op die wandeling
Ik twyfel niet of ge zult het met me eens zyn dat de duinen in deze omtrek
van de stad à Scheveningen en de laatste 10 jaren reeds veel verloren hebben van
het echte en iets anders een meer frivole karakter krygen waarlyks meer
We nu niet alleen 10 doch 30 jaar terug komt men op de periode toen 't schilderen
der duinen zyn in hun waar karakter een aanvang nam. Toen ter
tyde waren de dingen meer ruysdael achtig dan nu. Wil men
als zegt dat een Daubigny een Corot steinmetz opwekt men moet
verder op gaan waar den grond byna vierge is van de voetstappen der badgasten
enz.

No.307

只有那几天而已。现在身体原因让我不能像以往那样画，但这对我的帮助胜过影响。我画画的状态更放松了，不再专注于衔接和分析如何将事物组合在一起，而是更多地透过睫毛去看，更直接地观察事物，把它们看成拼合在一起的不同色彩块。我非常好奇这种观察方式会带来什么成果。我有时候很想知道为什么自己没有成为调色师，因为你会觉得以我的性情，应该很擅长才对，但迄今为止，我的进步还是少之又少。我时常担心在色彩方面没有明显的进步，但现在我又有了些希望。我们拭目以待吧。我想说的是，事实上，我相信这些习作中，比如说透过睫毛观察自然，可以得到些神奇的效果，形状就会简化成不同的色块。时间会告诉我们答案，但现在，我在很多不同的习作中，看到了色彩和色调的变化。

又及：

这只是一个怪念头，也没有什么特殊原因，我想加几句刚想到的事情。我不仅很晚才开始绘画，更为严峻的是，或许我也难指望能再活很多年。如果用冷静的分析去预测或计划这段时间，那么，自然地，我也无从知晓。

但是如果与很多我们了解其生活的人，或者与那些和我们相似的人对比，就可以做一些有根据的推断。

在接下来还有余力工作的时间里，我可以接受的事实是，我的身体还可以维持一段时间，如果一切都没事的话，大概是六到十年，这个假设并不草率吧。我愿意接受这个长度，更重要的是，因为眼下没什么可担心的。这个时间段，是我最可靠的指望。其他的方面充满了变数，我不敢随意揣测，比如，过了之后还有没有时间，很大程度取决于第一个十年的结果。

如果这些年总是劳累过度，一个人很难活过四十岁。

如果一个人可以让自己从人们常遭受的打击中恢复过来，并且克服相对复杂的身体疾病，那么你从四十岁奔向五十岁时，就能过上崭新且相对正常的生活了。

如我所说，未来五到十年的计划我也考虑过，但是目前并不在我的日程上。我的计划不是要救自己，也不是要避免太过情绪化或者太多困难——对于活长活短，我并不关心。并且，我也没有医生的本事，去引导自己身体力行。

因此，我不在意这些事情，继续我行我素，但是有一件事是明确的：我必须在有限的几年中完成一定数量的创作。我并不急于求成，因为这样做显然不可行，但是我必须要平静而沉着地继续创作，尽最大的可能有规律地、全心全意地去画画。

我在世上唯一的顾虑，就只有对这世界未尽的义务和责任，活在世间三十载，我还亏欠它一些可以流传后世的素描和绘画作为纪念品，不是为了某些特定活动应景作乐，而是为了在画中表达纯真的人性。这就是我的目标，而专注于这个想法，就可以让判断什么该做什么不该做变得更简单，也能使我免入混沌的歧途，因为我的一切作为，都是出于这个愿望。

—

约1883年9月4日 | No.319

我刚从洛斯德伊嫩另一侧的沙丘回到家，就收到了你的来信。我浑身湿透了，因为在雨中坐了差不多三个小时，在那里，一切都像凡·雷斯达尔、杜比尼，或者居勒·杜普雷[6]画中的景色。我带回了几幅习作，一幅是关于矮小弯曲、饱受狂风侵袭的树，另一幅是雨后的农场。一切事物都带着一层古铜色，一切可见的景物，都处在一年中独一无二的时节，就像你站在杜普雷的画前，景色如此美丽，

---

6 居勒·杜普雷（Jules Dupré，1811—1889），法国巴比松画派画家。

令人难以忘怀。

—

1883年9月初 | No. 323

我刚到这儿（霍赫芬[7]）。

在火车上我看到了费吕沃[8]美丽的乡间风景，但是当火车开到这里的时候，天色已晚，所以我对此依然一无所知。旅店的公共活动室，和布拉班特的一样，我在这里看到个在削土豆皮的女人，非常可爱的形象。我只带了很少的颜料，但是总算有一些。我希望能尽快开始画画。我发现费吕沃的色彩很丰富。

—

约1883年9月15日 | No. 324

我已经来这儿一段时间了，也去了附近很多地方，现在可以告诉你更多这里的事情。我附上了这幅粗略的素描，这是我在这儿的第一幅习作。画的是一个搭在石南丛中的棚屋，完全用干草和树枝搭建而成。我已经观察过六个类似的棚屋内部，以后会画更多它们的习作。

我无法准确描述黄昏或日落之后这种棚屋的外貌，不过你还记得居勒·杜普雷的一幅画吗？我记得它收藏于海牙艺术博物馆，画的是两个类似的棚屋，色彩浓郁，苔藓覆盖在屋顶上，朦胧而尘土飞扬的夜空，与之形成了强烈对比。这里就是这样的。

我外出的时候看到了一些极佳的人物形象，震惊于它们简朴的表达。举例来说，女性的乳房饱经辛劳，完全没有丰满性感的感觉。有时候，如果这个可怜人形象衰老或疾病缠身，会令人心生怜悯，但也令人敬佩。

总体上来讲，事物的悲伤或者忧愁感都是很健康的那种，就像米勒画的那样。幸运的是，这里的男人常穿短裤，可以看出他们腿部的形状，也让腿部运动更有表现力。

—

约1883年9月17日 | No. 325

昨天，我发现了一个我见过的最奇怪的墓地。想象一下，一片长满石南的荒野，紧密种植的松树构成的树篱环绕周边，就在你认为这是平常的松树林时，一个入口突然出现了，穿过不长的一段小路，就来到一片墓地，四周长满了梗草和石南，很多植物上挂着写有名字的白色木桩。我寄了一幅它的素描给你。

—

1883年9月2日，霍赫芬 | No. 327

过去的几周里，我探索了更多的泥潭沼泽。这是个奇妙的题材。身处其中越久，就会发现越多美丽的景物。我一到这儿就想住下来。这里如此美丽，因此需要大量的研究和习作，而且只有通过彻底的工作，才能对这里的事物有更准确的理解，真正发现它们认真而淳朴的特点。我遇到了很棒的人物，他们身上那种高尚尊贵的本性如此吸引人，我应该以更成熟、更有耐心、更延续的方式去画画。

—

7　霍赫芬（Hoogeveen），荷兰东北部的一个小镇。
8　费吕沃（Veluwe），是荷兰海尔德兰省的丘陵地区，该地区森林繁盛。

No.325

德伦特黄昏时的石南地
Heathland in Drenthe at Dusk

约1883年10月3日 | No. 330

我在德伦特一个偏远的角落写信给你，在一次无比漫长的旅行后，我才到达这里，从驶过石南地的驳船上下来。

这片田野无法形容，我已经说不出话了。想象一下，运河的河岸上全是名画，米歇尔、泰奥多尔·鲁索[9]、扬·范戈因、菲利普·德·科宁克[10]的画，一连几千米，就是那种感觉。

各种色带平坦地绵延开来，在趋近地平线的地方变得狭窄，茅屋或者小农场不时从地平线上冒出来，还有纤细清瘦的桦树、白杨或者橡树，随处可见的泥炭堆，我们的驳船时不时会经过其他满载泥炭的驳船和长满鸢尾花的沼泽。

到处可见精瘦健壮的牛群，牛群的色彩细腻，也常看到羊和猪。平原上跃然而出的事物，总是有着鲜明的个性，往往都有迷人的魅力。

我画了一个驳船中身材纤小的女人，她帽子上的黑纱说明她正在服丧。还画了一个系着紫色头巾的母亲，带着她的孩子。这有一整群奥斯塔德[11]式的人物，他们的脸让人联想起猪或者是乌鸦，但时不时会有一个形象，如同荆棘之中的百合。

这次旅行让我很高兴，算是大饱眼福了。

今天晚上的石南丛格外美丽。博伊泽尔某本画册中收录的杜比尼的作品，最能表现这种效果。天空的颜色有些无法描述，像细腻的薰衣草的白色，云不是蓬松地一朵朵分散开，似乎更愿意聚在一起，覆盖整个天空，但是偶尔露出一角奇异的缝隙，带着丁香紫、灰色或白色，从中可以窥见蓝色的天空。

地平面上的条状红色光彩夺目，下面的棕色石南，却在黯淡中令人惊奇地伸展，与明亮的地方相对，红色的条纹也覆盖了茅舍低矮的屋檐。在夜晚，石南通常有种效果，英国人会描述为"诡异的"或者"离奇的"。堂吉诃德式的风车或者造型奇异的吊桥，在变幻莫测的夜空下勾勒出充满幻想的剪影。这就是夜晚的小村庄，明亮的窗户倒映在水中或是泥潭和池塘中，这景象有时令人无比愉悦。

但这里的自然是如此平和，如此宽广，如此宁静。

—

1883年10月6—7日，新阿姆斯特丹 | No. 331

这里的一切在我眼中都是美的，或者说是宁静的。

还有些东西我也觉得很美——很出人意料——但是它们随处可见，而且在这里并不只有扬·范戈因的效果。昨天我画了腐朽的橡木根，或者叫沼泽橡木（橡木如果深埋泥炭中长达一个世纪，就会形成新的泥炭，当泥炭被挖掘出来的时候，这棵沼泽橡木也重见天日了）。

树根陷在水洼的黑色淤泥中。一些在水中的黑色树根把倒影投在水面上，还有的黑色树根表面有泛白的印迹。一条白色的小径从树根旁经过，后面多是黑漆漆的泥炭。天空酝酿着暴风雨。泥潭中的水洼和其中朽烂的树根，是那么阴郁而富有戏剧性，如同凡·雷斯达尔或者居勒·杜普雷的画。我附上了这泥炭区的速写。我常常在这儿看到有趣的黑白对比。比如说，运河的白沙堤岸穿过漆黑的平原。再往上，黑色的人物与白色的天空。前景中也可以看

9　泰奥多尔·鲁索（Théodore Rousseau，1812—1867），法国巴比松画派画家。
10　菲利普·德·科宁克（Philips de Koninck，1619—1688），荷兰风景画家。
11　阿德里安·范·奥斯塔德（Adriaen van Ostade，1610—1685），荷兰艺术家。

No.331

No.331
※ 泥炭地里的两个女人和手推车
Two Women in the Peat-Field,
with a Wheelbarrow

到黑白相间的土壤。

　　我相信，我在这里找到了自己的颜色。一个英国谚语说，即来之事，必有先兆。

－

约1883年10月13日 ｜ No. 333

今天，我跟在一个男人后面，看他在田里刨土豆，女人则跟在他身后，捡起所有落下的土豆。

　　这块田地与我昨天发给你的素描不同，但也有些有趣之处。这里的田地大致相似，又各有意趣。正如那些绘画大师画同样的主题时，总是有其一致性，却也不尽相同。这里是如此与众不同，非常安静，非常平和。我想不到有比"静谧"一词更合适的词汇。无论你怎么形容它，总是一样的，无以复加，无以减少。

　　创造全新的风格总是个问题，就像重新塑造一个自己，冷静地摆脱掉困扰，只要想做，我们总有办法做到！

－

约1883年10月22日 ｜ No. 335

我画了一些这附近的新题材。我真的无法把这乡村的全部可爱之处描绘给你。等我能画得更好时，再给你看吧！

　　做我所擅长的事，我相信一定会从中有所收获。

　　在泥炭沼泽里，我看到一些人，他们坐在一堆泥炭后面吃东西，前面生着一团火。[第二幅画]画的是装泥炭的人，恐怕这速写潦草得有些看不清。

－

1883年10月28日 ｜ No. 336

佐拉说："作为艺术家，我要活得畅快淋漓"——毫无保留，没有思想的禁区，天真如孩童；不，并不是像小孩，是像一个艺术家——带着善意，发现生活的真谛，我会竭尽全力。

　　现在，所有道貌岸然的礼节，以及对什么是"正常人"的设定，真是迂腐至极，荒唐至极。一个人自以为无所不知，一切也皆如他所愿，然而，人生之境遇好坏参半，这才能让我们有所敬畏，敬畏那超越人类的，比人类更崇高、更伟大的力量存在。

　　一个人如果认识不到自己的渺小，不能意识到自己不过是沧海一粟，那么他就大错特错了。

　　如果我们能抛弃小时候被灌输的观念，比如"仪表着装和礼仪举止是头等要事"，那我们会损失什么呢？我个人觉得，不论有没有损失，我连想都不去想这些事。我只知道在我的经验中，这些规矩和观念很没道理，而且经常是极其谬误的。我得出的结论就是，虽然我什么都不懂，但是与此同时，我们的生活是如此奥妙无穷，"体面"的规范则过于禁锢束缚了人性。因此，对我而言，它失去了一切意义。

－

1883年11月 ｜ No. 338

有时候，我会考虑要不要成为一个思想者，但是我逐渐意识到，我并非天生擅长思索。不幸的是，出于偏见，大家却认为一个想把每件事情都思考清楚的人是不现实的，把他看成是白日做梦。这个偏见在社会中被广泛地推崇，所以我常常碰壁，因为我渴望交流，不能满足于自言自语。

　　我一点也不反对思考，只要我可以同时画画就好。

　　我对生命的规划是，尽我所能地创作更多的素描和油画，那么当生命结束的时候，我希望可以带着渴望、爱与

Het was een heel ander veld dan ik u gisteren krabbelde maar het is eer
eigenaardigs van hier telkens precies t zelfde en toch met precie
variatie dezelfde motieven als schilderyen van meesters die in t zelfde
genre werken en toch verschillen - o het is hier zoo eigenaardig - en
zoo stil zoo vredig - Ik kan er geen ander woord voor vinden
dan vrede -

om er niet meer aan te denken neem me niet kwalyk f ik zal voor maar niet meer over zeggen
t is eenmaal niet waard.

Maar ik wou er nog eens op komen dat de dingen zoo ziet
voorbeen dat dit wel een veel op zetten een moment is waarop
als er brood van gewonden worden Denatuur zoo byzonder interessant
is dat gy gref aan de gang houdt gaan t zou geen
schaselen zyn maaks een direkt frisch worstelen met de

No.335

336

om een half jaar moedeloosheid te veroorzaken
waarna men toch eindelijk ziet dat men niet zich
had moeten laten desorienteeren —
Van twee personen ken ik den zielsstrijd tusschen
het ik ben schilder en ik ben geen schilder.
Van Rappard en van mij zelf — een strijd soms bang
een strijd die juist is dat wat het onderscheid is tusschen
ons en zekere anderen die minder serieus het opnemen
voor ons zelf hebben wij het soms benard aan 't eind
eener melankolie een beetje licht een beetje vooruitgang
zekere anderen hebben minder strijd ~~dat het~~ werken
misschien makkelijker doch het ~~niet~~ persoonlijk
karakter ontwikkelt zich ook minder. Gij ~~zoudt~~ ook
dien strijd hebben en ik zeg weet van uw zelf dat gij
het gevaar om door lui die zonder twijfel magere beste
intenties hebben van streek te worden gebragt —
Als als in u zelf zegt u Gij zijt geen schilder — schilder
dan juist kerel en die stem bedaart ook maar
slechts daardoor — Wie als hij dat voelt gaat naar
vrienden en zijn nood klaagt verliest iets van
zijn mannelijkheid iets van het beste wat in hem is —
Uw vrienden kunnen slechts zijn diegenen die
zelf daartegen vechten door eigen voorbeeld van
actie ~~hun~~ actie in u op te wekken —

深思回看往事：哦，我本可以创作的画啊！但是这并不排除尽力做到所有可能之事，如果你愿意这么想的话。你会反对我这么做吗？出于对我或对你自己的考虑？

提奥，我郑重声明，我宁愿思考四肢和头部如何安置在躯体上，也不愿意去计较我自己算不算个艺术家，更别说是优秀还是拙劣的艺术家。我想到你，你宁愿去想飘着灰色云彩的天空和泥泞乡村笼罩的金色边缘，也不愿将自己置于烦人的问题之中吧。

—

约1883年10月29日 ｜ No.339

可以这么说，近来，我每天都在创作。

只要坚持边做边学，我一定会进步；每一幅素描，每一幅油画，都意味着前进一步。就像走在一条路上，你可以看到路尽头的塔尖，但是因为地面不是平的，当你认为你可以看到尽头的时候，总会有延伸的部分不能一眼看穿，因此路程会增加。尽管如此，你只要前进，总是在缩短与目标的距离。或早或晚，我不知道能有多迅速，但我会到达这样的境界，可以出手我的作品。

我依照画架上的几幅风景画，为你画了几幅速写。这样你就能看到我正在创作的油画了，我希望它们对你有直接的震撼力。学着去从大局出发来观察风景，看它们最简洁的线条和光影的明暗对比。

我今天看到了一帧极品，整体就像米歇尔的作品，自然美景把前景衬托得十分棒。我的画还不够成熟，我不怎么满意，但只要光影画得够好，效果便已经可以打动我，就像我给你附上的这幅。

底下这幅画在前景中有一小片麦田，带着细腻的绿色和一些枯萎的草丛；在茅屋后面是两堆泥炭，而其后是长满石南的风景，天空明亮耀眼。

—

约1883年11月16日 ｜ No.340

现在，兹韦洛[12]附近到处都是青青的麦子，有些地方绵延不断，是我见到过最娇嫩的绿色。这之上是柔和的白色带着极浅的薰衣草淡紫色，这两者产生了一种奇妙的效果，我不知道能否将其画出来，但是对我来讲，这是必须要明确的色彩基础，只有明确了这个效果，才能衍生出更多的效果。

一个无限广袤的黑色平原，其上是明亮的天空，带着极浅的紫色与柔和的白色。麦苗从黑土地里蓬勃而出，给土地盖上了一层苔藓。德伦特肥沃的土壤是万物萌发的基础，这里潮湿的空气也有一臂之力。想到布里翁的画《创世的最后一天》（ *The Last Day of Creation* ），对我而言，昨天我才领悟了那幅画的真正意义。

德伦特贫瘠的土壤也是一样，只是黑土地更加黑，黑得像煤烟，而不同于黑紫色的垄畦，上面阴郁地生长着永不凋零的石南，还堆置着泥炭。

现在，随处可以见到这种在一望无垠的大地上展现的效果，泥潭地，茅草窝棚，肥沃土地，原始农场的废墟，有矮墙的羊圈和数量众多的茅草屋顶，以及它们周围的橡树。

如果马不停蹄地在这片土地上旅行，你会感觉到这土地上一无所有，除了像覆盖的苔藓一样无穷无尽的麦田或石南，以及无边无际的天空。

马匹和人都渺小得像跳蚤。你什么都感觉不到，就算它巨大无穷，身在其中也只能感知到天地。然而，虽然人如沧海一粟，但从一个点去观察另一个点——先且不说有无穷多的点——你会发现每一个点都伟大如米勒笔下的画作。

12　兹韦洛（Zweeloo），荷兰德伦特省的一个小村庄。

我恰好经过了一座古老的小教堂——是的，就这么巧——恰好与米勒在卢森堡画的格雷维尔[13]教堂一模一样。而这次在画面里的不是带着铲子的农夫，而是赶着一群羊的牧羊人站在篱笆旁边。背景看不到海，但是可以看到海一样的麦苗，起伏的田埂宛如波涛。这麦田海洋产生的效果与之前所述相同。我看到犁地的人们在繁忙地工作，运沙的手推车、牧羊人、养路工人和拉粪的车子。在路旁的一家客栈里，我画了一个身材短小的老女人，她在纺车边工作，深色的侧影好像出自童话一般——黑色的剪影对着明亮的窗子，其外是明媚的蓝天和一条小路伸入柔和的绿色中，还有一群正在啄草的鹅。

当暮色降临时——请试着感受这寂静和安宁！想象一条小路，两旁是高耸的白杨树，带着秋天金黄色的叶子，再想象一条宽阔而泥泞的大路，泥土漆黑，左右两旁皆是无边无际的石南。

几间茅舍黑色三角形的剪影，红色的火光透过窗子闪耀着，几个淡黄色的脏水坑，映射着天空，一段陷于泥沼的橡树在其中腐烂。就请试着想象这泥泞中，一切在威士忌颜色的天空之下，笼罩在傍晚的暮色中。一切都是白与

黑的冲突。在这一切的泥泞之中，站立着一个蓬头垢面的人物，一个牧羊人赶着一群圆滚滚的绵羊，绵羊身上几乎一半是羊毛，一半是泥水，相互拥挤碰撞。你看着它们向你走近，被它们包围，你转过身跟随它们。尽管不情愿，而且举步维艰，它们依然在这泥泞的路上蹒跚前行。远处有间农场——一些茅草屋顶、秸秆堆和泥炭堆闪现在白杨林间。

羊圈也是三角的轮廓，颜色深沉。门大大地敞开着，像一个漆黑洞穴的入口。透过后面木板的裂缝，亮出一抹天空。身上满是臃肿羊毛与泥巴的羊群队伍消失在这洞穴里。牧羊人和一个提着灯笼的矮小女人关上了羊圈的门。

黄昏中归家的羊群，是我昨天听到的最后的交响。

—

1883年12月，海牙 | No.349
顺便跟你说一句，在爸爸妈妈的安排下，我把昨天之前一直在用的这间洗衣房改作画室和储藏间了，可以存放一些零散东西。我去了海牙取回和邮寄了一些我的习作、油画等等，我需要整理一下。

13　格雷维尔（Gréville），法国诺曼底地区的一个小村庄。

No.339

No.339
※ 农场屋和泥炭堆
Farmhouse with Peat-Stacks

IV
1884—1887

1884 年初，梵高的妈妈腿部受伤骨折，在康复期间，梵高的照料使他和父母的关系得到了一定程度的缓和。梵高把一个废弃的洗衣房改造成工作室，之后开始画以当地纺织工人为题材的作品。偏远的尼厄嫩的蛮荒风景，给梵高带来了新的艺术灵感，他画了很多风景和描写田园生活的画。

由于对提奥的日益依赖，让梵高备感不自在，所以他跟弟弟的关系也趋于紧张，但是他们仍然如往常一样保持着艺术上的对话。事实上，提奥好像是第一个跟他提及印象派的人，彼时，印象派以其明亮的色调和革命性的技术正在巴黎声名鹊起。

1885 年春天，梵高的父亲突然去世。不久之后，梵高完成了他的第一幅代表作——《吃土豆的人》。这幅画代表了他过去几年中呕心沥血创作的精华和自学而来的绘画技巧的成就。同年晚些时候，他的一个模特——一个未婚的女孩——怀孕了，

这使梵高备受猜疑，尽管他似乎与此事并无关联，但当地人对这个性格古怪的画家的看法还是变了风向，于是他便搬去了安特卫普[1]。在安特卫普，他研究了新国家博物馆中的大师画作，甚至还在1886年被安特卫普学院录取。但是他的粗犷方式和自学者的个性，都跟当时严苛的传统环境格格不入，所以他很快就辍学了。1886年3月，梵高出人意料地来到了巴黎。

从那时起到1888年，梵高与提奥曾经源源不断的频繁通信，变成了缓慢的涓涓细流，因为他当时正和他的这位主要通信人同住。但是通过其他人的讲述和他艺术风格的变化，我们还是得以了解到，他结识了印象派的核心人物，其中有亨利·德·图卢兹-罗特列克、埃米尔·伯纳德、乔治·修拉[2]，特别是后者使用的点彩法，影响了梵高，使他的绘画技法趋于成熟。

1　安特卫普（Antwerp），比利时港口城市，靠近荷兰。
2　亨利·德·图卢兹-罗特列克（Henri de Toulouse-Lautrec，1864—1901），法国后印象派画家，受日本浮世绘影响，擅长人物画，对象多为巴黎蒙马特一带的舞者、女伶、妓女等中下阶层人物。埃米尔·伯纳德（Émile Bernard，1868—1941），法国后印象派画家，与梵高保持了长期友谊。乔治·修拉（Georges Seurat，1859—1891），法国后印象派画家，以点彩见长。

1884年1月3—16日 | No. 351

对我而言，比起待在"文明社会"，我更喜欢跟那些不知道"孤立"这个词的人在一起，也就是农民和纺织工人们。对我来说，这就是巨大的财富。比如说我一来到这里，这些纺织工人就引起了我的兴趣。

　　你是不是看过很多有关纺织工的画？我只看过几张。眼下我在画三幅这个题材的水彩画。这些人很难画，因为在他们的狭小房间里，你根本没有足够远的距离去画织布机。我觉得这就是为什么总是画不对的原因。但是，我找到了一个有两台织布机的房间，我可以画它了。

约1884年1月24日 | No. 355

妈妈的处境虽然颇困难，但好在她情绪还算平稳，也很满足。她总会用一些小事安慰自己。我最近画了一个有篱笆和树的小教堂给她，诸如此类。你一定愿意知道我十分沉醉于这里的自然景色。如果你来，我会找时间带你到织布人家的小屋里看看。织布工的样子和纺羊毛的女人们，一定会让你很惊奇。

　　上个周日，我画了一个独自坐在织布机前的男人的上半身和手部。我正在画一个年代久远的棕绿色栎木织布机，上面刻着 1730 年。织布机旁是一个窗户，从那儿可以看

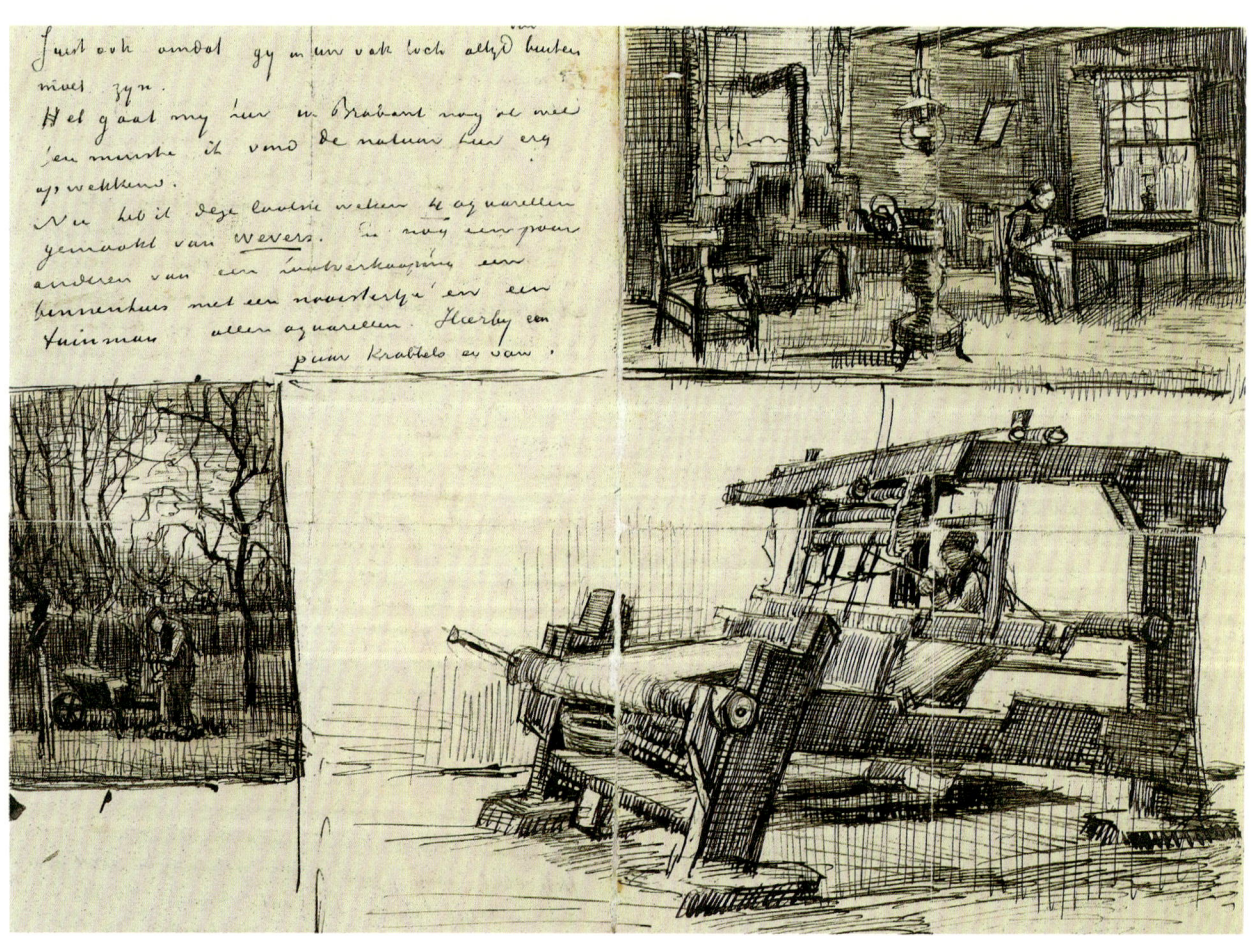

No.351

到绿色的田野，窗户边放着一个婴儿椅，小孩子坐在婴儿椅上，盯着梭子来来回回几个小时。

我已经把这个题材处理得像实际生活场景一样，织布机和织布者、窗户、婴儿椅，都摆在这个铺着泥瓦地面的一穷二白的房间里。

—

约1884年2月18—23日 ｜ No. 357

想简单地跟你说几句，也算是回复你对我的钢笔画的评论，我给你又画了五张织布工，是为油画而创作的习作，与油画又略有不同，我觉得比你见过的那些钢笔画更生动。

我从早画到晚，除了绘画习作和钢笔画之外，我还开始尝试为这个主题画些新的水彩画。

—

1884年2月 ｜ No. 359

这几天，我会再给你寄一幅织布工的钢笔画，比之前那五幅都大；织布机正视图，可以让这一系列的画更完整。我觉得，在灰色的安格尔纸上画效果最好。

如果这些小小的织布工被寄回来，我会有一点失望。

织布工的左侧
Weaver facing left

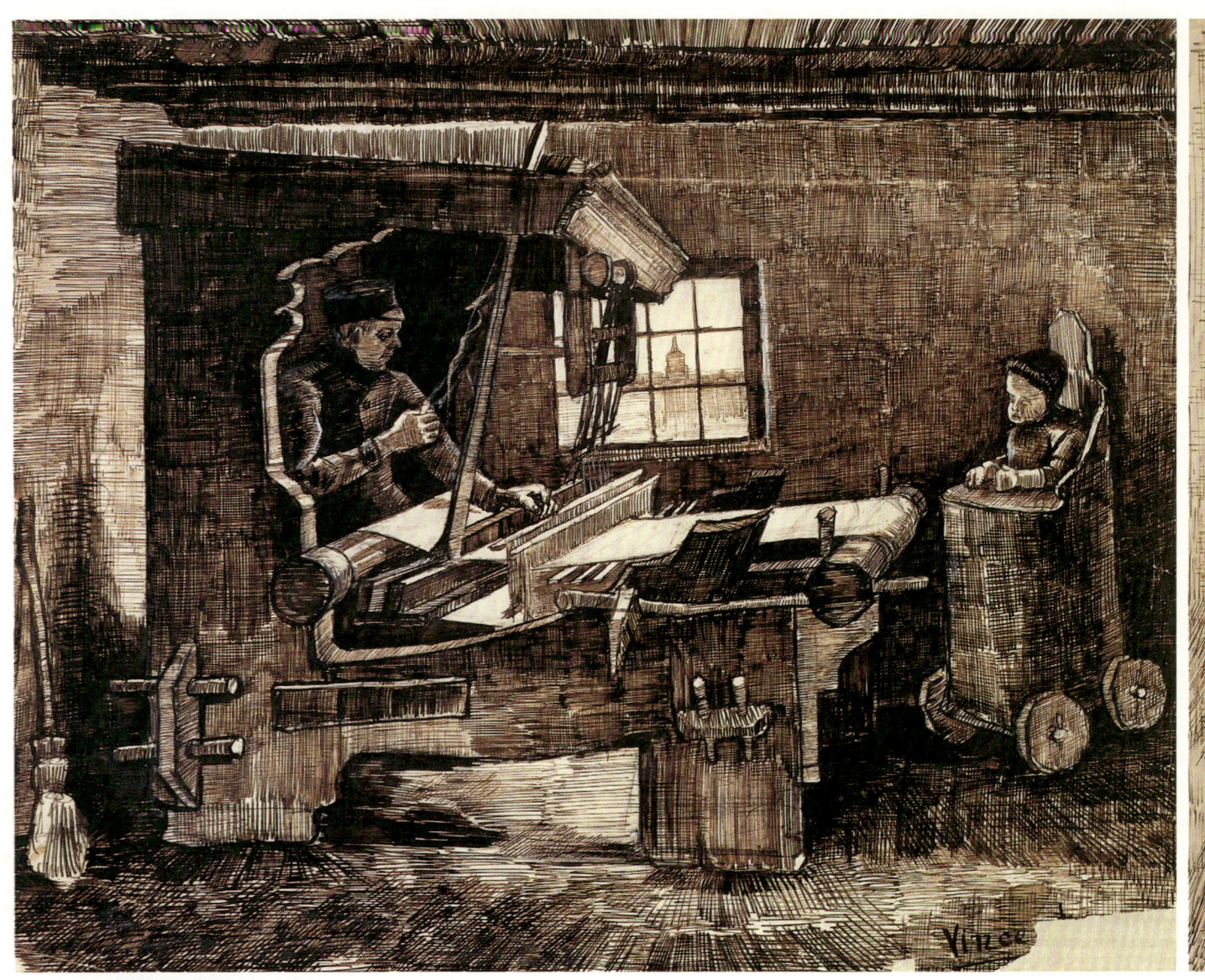

织布工和婴儿
Weaver with baby

织布工
Weaver

织布工在织布机前
Weaver at His Loom

如果你不认识什么买家，我倒觉得你可以留着它们，作为第一批描绘布拉班特[1]工匠们的钢笔画藏品，我倒是很愿意承担这个任务，如果我会在布拉班特待上很久的话，也很愿意去做。

—

1884年3月 | No. 363

你谈起过我的画，说如果它们真的很好的话，你可以把它们摆在米勒和杜米埃[2]的作品边上，很愿意去经营它们。

在我看来，我当然愿意相信你所说的，但是我也明白，我可以求助的人其实有很多。照你说的，好像古皮尔公司[3]真的只卖那种名画（米勒和杜米埃），但我可以断言，在米勒出名之前，他们可没有打算过好好经营米勒的画，杜米埃的画也是一样。所以在米勒和杜米埃早期，古皮尔公司肯定在忙着做朱利安·布罗沙尔 和保罗·德拉罗什[4]先生的作品（德拉罗什在我看来也没什么大不了的），是不是？古皮尔公司也不过如此吧。

—

1884年4月初 | No. 363A

这个月我完成了这些幅本该4月就寄给你的画：冬季的花园，剪枝的桦树，杨树道，还有翠鸟。

—

1884年4月 | No. 366

随信附上一幅速写，是我正在创作中的一幅画，画的是傍晚时分树开花的样子。

拉帕德来的时候，你就可以拿到这些画了，其中有三幅是同一个主题。在这些场景里，果园真实、古老而质朴的质感，深深地打动了我。在同一角度，我画了不少于三幅的钢笔画，还不算我已销毁的那些，我特别想用深入的细节去重现它的性格，而这些无法轻松、自发或者偶然地表现出来。

如果我对自己的工作有一点儿自信的话，那也是因为我付出了太多的努力，所以我必须坚信会从中有所收获，这工作不是完全徒劳无功。况且，我才不去理会主流艺术评论家们日趋流行的那一套陈词滥调。

—

约1884年4月30日 | No. 367

说到工作，我忙着画一幅相当大的织布工，这次是从织布机正面去画，人物的黑色轮廓正好落在白墙上。同时也在画我冬天起笔的那幅画，侧放的织布机正在织一匹红色的布。我还画了另外两个灌木丛，以及一幅剪过枝的桦树。

还有好多织布机的画要画，自然风光也美不胜收，比如那些古老的橡树映在灰白的墙上的影像，我一定要找时间画下来。不过，我们应该布置好画面的颜色和基调，使它们与其他的荷兰油画相协调。我希望很快就能开始画另外两幅织布工，人物会跟现在很不一样，不是坐在织布机后面，而是在整理排线。我见过他们在晚上昏黄的灯下织布，有种伦勃朗式的效果。

最近的某个晚上，我还看到有人织花布。要是来这里，我会抽空带你也看看。我去的时候，男人们就站在那里整理排线，身子向前躬着，背对着灯光，在布料的衬托下形象特别鲜明。织布机的板和梁在白墙上投下巨大的影子。

---

1 布拉班特（Brabant），荷兰小镇，梵高的家乡。
2 奥诺雷·杜米埃（Honoré Daumier，1808—1879），法国著名画家、讽刺漫画家、雕塑家和版画家。
3 古皮尔公司，19世纪知名的艺术品交易公司，梵高的叔叔是主要经理人之一。
4 朱利安·布罗沙尔（Julien Brochart，1816—1899），法国艺术家。保罗·德拉罗什（Paul Delaroche，1797—1859），法国艺术家。

No.363
※ 冬季的花园
Winter garden

No.363
※ 杨树道
Avenue of Poplars

No.363
※ 剪枝的桦树
Pollard Birches

IV

No.363
※ 翠鸟
The Kingfisher

No.366

离开尼厄嫩教堂
Congregation Leaving the Reformed Church in Nuenen
梵高早期油画，存放于阿姆斯特丹梵高博物馆。2003 年被盗。
至今下落不明。

1884年6月初 | No.371

我在上一封信里告诉你说，除了纺线女人，我还想创作一幅大的男性人物。我画了一幅草图给你。也许你还记得之前来的时候，在我工作室的同一个小角落里放着的两幅作品。

色彩法则令人赞叹，这主要是因为它们绝对不是偶然的。正如现在人们不再武断地相信奇迹，也不再相信一个专制、肆意且摇摆不定的上帝，而是事实上已经开始对大自然有了更多的尊重、赞赏和信念，正是这样，我觉得在艺术中，我们不应再忽视关于天赋、灵感等貌似过时的想法，而应该与时俱进，对这些想法做全面的思考与验证。我个人既不否认天才的存在，也不否认与生俱来的本性，但是我不赞同由此推出的结论——理论学习和教育无益于改善本性。

我在纺织的年轻女人和绕线的老妇人的画里所尝试过的东西，我希望或者说我愿意，在以后努力做得更好。

这两幅写生里有我的个人痕迹，表露得比以往的任何作品都多——除非我以前还在一些素描里也成功表露过自己。

—

1884年7月初 | No.372

我最近的感悟是，画自然风景，好的对象最重要，虽然我还没动笔。半成熟的麦田呈现深金黄色，泛着些微红或者金棕。这种浓烈的视觉效果，与钴蓝色的天空形成强烈的对比。

想象在这样的背景下，一个女人粗犷而有活力的形象，她的脸、胳膊和脚在阳光下蒙上了一层浅浅的棕色，穿着灰暗而粗糙的靛蓝色衣服，剪过的头发上戴着黑色的贝雷帽，她们沿着满是尘土的小路去劳作，有的肩上扛着长柄锄，有的胳膊下夹着一条黑面包，拎着罐子或咖啡壶，穿过麦田，路旁长满了浅红色的紫罗兰和绿色的野草。

最近，我不断地看到相同主题的不同衍生形态。这是真的。非常丰富，但却又很朴实，有高度的艺术性，让我极其着迷。

考虑到画画的花费，我得精打细算地去画新的大幅画作，这会花很多钱在模特上，希望能有我理想的那种模特（粗糙扁平的脸、低额头、厚嘴唇，不鲜明、像米勒画的人物一样温和的表情），身着合适的服装。关于衣服，有一点很重要，画家可不能随便安排服饰的色彩：斑驳的靛蓝色调与钴蓝色调是近似色系，而搭配浅棕色麦田中神秘的橙色元素则对比加强。

要是能把夏天表达好，那就太棒了。对我来说，夏天不太容易描绘，夏天的效果十有八九难以捉摸，要么就是太丑，至少我是这么感觉的。不过，夏日的暮色还是挺销魂的。但我的意思是，不像其他的季节那样，很容易就能找到浓郁、简单并且赏心悦目的特点，夏天的风景让人琢磨不定。春天有嫩绿的幼麦和粉色的苹果花，秋天有紫罗兰的色调衬托着枯黄的叶子，冬天则有皑皑白雪和万物黑色的剪影。所以，如果夏天只是各种蓝和金棕色麦子中橙色元素去对比，那么同理可证，只要用每个季节的对比色彩组合（红与绿，蓝与橙，黄与紫，白与黑）就可以画出四季的特色。

—

No.371

1884年8月初 | No.374

等你来我这儿的时候，你会发现所有的农民都在忙着犁地、播种大爪草，不过也许那时候播种季就要结束了。我在麦茬地里看到了很美的夕阳。

—

1884年9—10月 | No.381

我买了一本很精美的解剖学书，约翰·马歇尔的《艺用解剖学》，特别贵，但是这本书太好了，能用上一辈子。还有，我找到了巴黎艺术学院和安特卫普皇家艺术学院的艺术教材。

很多画的关键是人体结构的基础知识，但是学这些知识要花很多钱。而且我觉得，不只颜色、光影、透视、基调和绘画技法，事实上所有的东西，都有相似的公理，这些应当且可以像化学或者代数一样去学习掌握。这绝不是观察事物的最简单方式，任何说着"噢，任何事都应该顺其自然"的人，做出的努力都太少了。那也叫足够？根本不够，即使你天生就懂很多东西，也要至少付出三倍的努力，才能从本能的发挥到达理性的创造。

1884年10月 | No.383

我最近画了一幅相当大的作品，内容是秋天金黄的杨树林道，斑斑驳驳的阳光洒在地面的落叶上，和树干长长的剪影交错在一起。在路的尽头，有一个小小的农舍，阳光照耀的秋叶之上是湛蓝的天空。我认为花一年的时间大量、不间断地画画，我就可以改变自己的风格和色调了，我希望我能变得深沉而非明亮。

—

1884年11月 | No.385

我敢说，自打上次你来之后，我在绘画技法和色彩表达上有了很大进步，而且还会继续进步。就绘画来说，这只是第一步，之后会更从容，我还留了些绝招，我觉得自己一定能使出这些绝技来。

—

1885年2月 | No.394

画这些头像让我忙起来了。我白天画色彩，晚上画素描。我已经用这种方式画了三十多幅色彩作品，素描也有差不

No.374

No.383
※ 秋天的杨树林道
Avenue with Poplars
in Autumn

多的数量了，依我看，我有希望能画出些与众不同的画。我觉得这对肖像创作有些帮助。

我今天画了一幅黑与白衬着肉色的画。我总在寻找蓝色，这次的农民肖像依旧是蓝色的。这抹蓝色与成熟的麦子或枯黄的白桦林对比起来，或明或暗的细微光影变化，让人物看起来栩栩如生，金色和红棕色调的衬托也会让人物更有表现力。这种蓝色太美了，让我第一眼就迷上了它。这里的人们不约而同地全都穿着蓝色的衣服，那种蓝是我见过的最美的蓝。衣服材质是粗亚麻的，他们自己纺织的；黑色的经纱，蓝色的纬纱，这样就能织出黑蓝的纹理。衣服的颜色经过风吹日晒，渐渐褪色，变成一种无与伦比的宁静雅致的色调，把皮肤的颜色衬托得很好看。简单来说，蓝色足以让所有的含橘色元素的颜色鲜活起来，而且褪色的蓝一点都不会不协调。但这只是颜色的问题，目前更让我困惑的是造型问题。我认为，纯色是表现造型的最好方式，只用不同的色彩强度和明暗来表现不同的色调。比如，朱尔斯·布雷东的《源泉》就只用了一种颜色，但得去研究每一种颜色和它们的对比色，才可以随心所欲地调整出画面的和谐效果。

下雪的时候，我画了一些花园的习作。之后景致变了很多，现在有璀璨的淡紫色星空，房屋的深色轮廓上蒙着一层金色，大片的淡红色植物遍布四周，纤细漆黑的白桦树耸立其上。前景是褪色发白的绿色，黑色的泥土被运河一侧苍白的枯芦苇丛勾勒出形状各异的线条。

—

1885年3月中 | No.396

最近对我来说，别说拿出一幅画，就连一幅素描都拿不出来给你看。不过，我在画一些习作，这也是我为什么要在正式展开创作前，留出一段预备期的原因。毕竟，很难说清什么时候算是习作期的结束、正式创作的开始。

我正在构思一些更大、更有价值的题材，一旦我知道怎么再现脑海中的效果，就会继续画相关的习作，因为我肯定需要这些，比如，可能会跟现在这个类似吧。也就是指，靠着窗子的人物肖像。我画了好几幅这样的头像，逆光或者顺光。还有几次，我画了全身像，纺线的、缝补的或者削土豆的。正脸和侧脸的形象相当难画啊。但是我觉得，我其实从中还是学到了一些东西的。

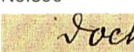
No.396

en zekerheid scheppen en componeeren doch
8°°z je zulks deden

On croit que j'imagine — ce n'est pas vrai —
je me souviens — zei een die meesterlijk
componeeren kon —

Wat mij nu betreft ik kan nog geen enkele
schilderij laten zien desnoods nog geen
enkele teekening

Maar studies maak ik wel en juist daarom
kan ik me heel best voorstellen de mogelijkheid
er een tijd kome dat ik ook grifweg
componeeren Zou kunnen.
En trouwens 't is moeielijk te zeggen waar studie
ophoudt en schilderij begint
Ik denk over een paar grootere doorwerkte dingen
en als het eens was dat ~~de~~ ik helderheid kreeg
~~om eenige mogelijkheid heb dat~~ om de effekten
~~te~~ die ik op 't oog heb weer te geven — en
dat geval zou ik die studies en kwestie nog
hier houden want dan zou ik ze er zeker voor
noodig hebben — het is b.v. zoo als:

戴白帽的农妇头像
Head of a Peasant Woman with White Cap

女人头像
Head of a Woman

约1885年4月5日 | No.398

近来发生的这一切[提奥和梵高的父亲去世一事]仍使我无法释怀，我靠着画画熬过了两个礼拜。这儿有两幅草稿，一个男人头像和一幅有缎英花[5]的静物，跟以前你拿走的那幅风格一样。静物的前景是爸爸的烟斗和烟袋。如果你想留着它，就留下吧。

—

1885年4月9日 | No.399

随信附上最近两幅作品的草图，我又在画围着一盘土豆的农民了。我刚刚从他们那儿回到家，尽管我白天已经开始画，但现在还要就着灯光继续工作。你已经可以看出我的构图了。

我画在了很大的画布上，与此素描一致，这幅画让我感到了其中蕴含的生命力。

—

1885年4月21日 | No.402

据说有个叫印象派的画派，但我对它所知甚少。不过我知道物以类聚、人以群分，像是有个轴心，描绘乡村生活和风景的画家就聚集起来了，核心人物如：德拉克洛瓦、米勒、柯罗等。这只是我自己的感觉，不一定准确。我的意思是，对线条和色彩来说，我们在接触到事物的本质时，更能领会到规则、原理或者普遍真理，而不是这些人。

对于素描，比如说画人物素描时，要把人物画到一个圆里，也就是把人物置于一个椭圆形背景区域中，这个手

法古希腊人就在用，而且也会永远流传下去。至于色彩，终极问题还是柯罗提出的，即弗朗西斯[6]（当时已小有名气）和柯罗（当时一文不名或声名狼藉）的问答。弗朗西斯找到柯罗并问他：何为分色[7]？何为中和色？这个问题，在调色盘上解释，比用文字容易多了。

我现在画的画，跟窦和范·申德尔[8]的光线场景很不一样，本世纪画家的最大成就之一，就是赋予黑暗以色彩，这么说可真不是溢美之词。简而言之，如果你重读我刚说的话，就会觉得这一点都不莫名其妙，你会发现，这些都是我在画画实践中遇到的现实问题，言之有物。

我希望《吃土豆的人》会画得顺利点。除此之外，我还在画红色的日落。要成为一个能把握繁复细节的大师，才能画好乡村生活。另一方面，我又不知道能在哪里这样宁静安详地工作，这里的宁静安详是说心态，毕竟，现在连画材都是个巨大挑战。

—

1885年4月 | No.403

我想让你知道我正在投入地画《吃土豆的人》，而且又画了一些头部习作。对手部，我做了很大改动。最重要的是我正在尽全力为这些画注入生命。我一定要确定这幅画是有意义的，才会把它寄出去。现在这幅画还在创作中，我觉得跟我以前的作品相比，有些你完全没见过的东西，千真万确。我特别强调的是生命，我所画的是凭记忆所作的写实画面。但是你知道我画了多少幅头像！而且我每个晚上都会去那里，反复描摹不同的局部。但在这幅画里，我放任自己的头脑天马行空地去思考、去想象，而不像我往

5　缎英，一种欧洲植物，栽培价值在于其紫色芳香的花和扁圆的、银白色的纸质荚果。
6　弗朗西斯（François-Louis Français，1814—1897），法国印象派画家。
7　分色是印象派的绘画技法，与传统绘画中用调和颜色作画不同，分色不经调色，直接作画。分离的原色点通过视觉自然地进行调和。
8　格里特·窦（Gerard Dou，1613—1675），荷兰黄金时代画家，师从伦勃朗。佩特鲁斯·范·申德尔（Petrus van Schendel，1806—1870），荷兰浪漫主义画家，代表作有《夜市》系列。

No.398

常的习作那样，完成那些习作本身不是一个创作性的过程，但正是它们让我从现实中得到了滋生想象的养分，事实证明这样做很对。

—

约1885年4月30日 | No.404

织布工织布时——这种布料我觉得叫切维厄特呢[9]，或是特色明显的苏格兰格子呢——如你所知，习惯把最亮的颜色一个挨一个地紧密编排，达到一种色彩的平衡，最终获得切维厄特呢和苏格兰格子呢的特殊分色和灰度，所以尽管布料编制不甚统一，但是从远处看，最终的效果非常和谐。

羊毛的灰色是红、蓝、黄、米白和黑色的线混纺而来，而蓝色则是不连续的绿色和橘红色或者黄色的线交织而成，效果不是单色线所能比的，蓝色非常生动，与之相比，普通的颜色则显得生硬而乏味。但是对织布工或者图案和色彩组合的设计者来说，计算线的数目和走向实属不易，同样，以每一个笔触来编就画面的和谐效果，亦非易事。如果你能同时比照来看，我初到尼厄嫩时的习作和现在这幅画，我觉得你一定会发现，画的色彩越来越生动了。

说到《吃土豆的人》，我确信如果镶上金色的画框，看起来一定会很棒。不过就算是挂在墙上，用成熟的小麦色纸裱上，看起来也会很不错。但是，不在这种程度上完成它，就显不出它的效果。比如在黑色的背景下，就不能表现出画面应有的效果，浅褐色的背景更不适合，因为画的整体色调是灰色的。现实中，画通常也会装上镀金的画框，参观者围在四周，壁炉和火映在白色的墙和画上，再加上画面本身，就会产生一种怀旧感。所以再次强调，一定要给它装上深的金色或者铜色的画框。

如果你想看到它应有的效果，就一定要记得这一点，把画和金色搭配，还有要把映衬画的背景打亮，移走大理石色的物品，灰褐色或者黑色对它来说简直是场悲剧。而且，金色也可以让阴影的蓝色显出一种特别的效果。

我特意尝试去创作出那些吃土豆人的样子，他们坐在一盏小灯下，把刨过泥土的手伸进盘子里，取他们亲自从土地中刨出的土豆，他们凭借着自己的双手，自食其力，何等荣耀。我想，让人们去设身处地想想跟我们这些所谓受过教育的人截然不同的人，看看他们的生活方式。但我也绝不是想让人不假思索地认为那种画面很美或者很好。整个冬天我都拿着那些织布的线，探索最佳的图案，想象精心挑选的线，按照一定的规则，编织成粗糙的布面。这可能会画成一幅真正意义上的乡村画。我真这么觉得。但是如果有人更愿意看些赢弱的农民，那就随他去吧。从我的角度来讲，我觉得长远看来，描绘他们的粗犷比那些传统的精细作品更有价值。

一个农村女孩在我眼里比一个淑女更漂亮，她打着补丁的蓝色脏外套和裙子，被阳光、风和天气赋予了最精美的阴影。要是她穿上一个淑女的衣服，这种真实感就消失了。一个穿着粗布衣服在田里耕作的农民，比他穿着礼服去教堂做礼拜看着舒服多了。

同样，我觉得如果把农民按肖像画惯例画得光滑无瑕也不对。如果描绘农民的画，能让人闻到培根味、烟味、蒸土豆的味儿，那才绝妙，绝非诟病。闻得到粪味的马厩才算真正的马厩嘛。如果田地里弥漫着成熟的麦子或土豆的味道，或是鸟粪和肥料的味儿，只能说明这是真实的，尤其是对城里人来说，他们会从这样的画里受益良多。描绘农民的画就不应该有优雅的香气。

9　切维厄特呢是一种斜纹粗纺的羊毛织物，最初用切维厄特羊的羊毛织成，产自苏格兰。

No.404　No.R57
※　四个吃饭的农民
Four Peasants at a Meal

1885年8月，拉帕德 | No. R57

说到我的工作进展，我还在画吃土豆的人的主题，正试着把你之前看到的那幅版画画成油画，满是污垢的简陋农舍里不同寻常的灯光让我很是着迷。光线是如此昏暗，以至于在白纸上，它的颜色看起来就像墨渍，而在画布上，灯光就能亮起来了，因为有迥然不同的色彩与它们形成鲜明对比，比如，把普鲁士蓝不经调和地直接涂在画布上。我要自我批评的一点，是太专注于色彩，结果时常忽视身体的造型。好在手和头我都画得小心翼翼，因为它们可是最重要的部分，而其余的肢体都在阴影中（跟版画完全不同的效果）。我用这种方式画这幅画算是情有可原吧。事实上，正式的油画构图既不同于草稿（我还保留着，也就是当晚我在农舍现场就着一盏小灯画的那幅），也不同于版画。

现在的难题是给我的人物安排动作，忙着或者做着什么。

—

1885年5月初 | No. 405

《吃土豆的人》这幅画很暗，比如说，白色部分基本上没有用白色颜料，而只是简单用了红蓝黄混合的中和色，这里用的是朱红、巴黎蓝和拿波里黄。混合的颜色呈现相当深沉的暗灰色，不过在画里恰巧呈现出白色的效果。我来解释一下为什么要这么做。画的主题是一盏小灯点亮的灰色场景。灰色亚麻桌布，烟迹斑斑的墙，女人们还戴着在田间劳作时戴的满是灰尘的帽子，所有这些，当你眯着眼睛去观察，会发现它们在灯下的颜色呈现出更加暗沉的灰色，而灯尽管是橘黄色的，但看起来似乎比白色还要亮好多。

还有肤色，如果只是匆匆一瞥、不假思索，那皮肤看起来就是人们通常认为的肉色。当我刚开始画的时候，我

混合了赭黄、赭红和白色来表现这种颜色。可是那个颜色太亮了，一点都不对。所以要怎么做呢？本来我已经精心画好了头部，但是立刻又狠下心来重画，现在你看到的颜色更接近带着泥土的土豆色，当然是没削过皮的那种。

其时，我想到了一句对米勒画的农民最准确的评价："他笔下的农民看起来好像是用他们耕种的土地画的。"我看着农民们忙进忙出地劳作，脑子里一直浮现这句话。现在我也非常确信，即使你让米勒、杜比尼和柯罗不用白色颜料去画雪景，他们也有本事让自己画里的雪看起来还是洁白的。

说到艳丽的当代画，我这几年看得太少了。但是对于相关问题我却思考了很多。柯罗、米勒、杜比尼、伊斯拉尔斯和杜普雷等人的画风也很明亮鲜艳，但你可以从中看到每一个角落和深度，他们画得真是深入。

但是上面提及的这些画家，严格来说，没有一个人描绘的是当地色彩；他们沿袭了自己一开始就用的色谱，并加上了自己对色彩、色调和绘画的独到理解。他们笔下的光线以暗沉的灰色展现，但是在一幅画里经过对比，看起来依然很明亮，这是事实，你如果每天观察就能发现。

你要明白，我并不是在说米勒在画雪的时候不用白色颜料，而是说他和其他的色彩大师，如果他们想要并愿意这么做的话，就有可能像德拉克洛瓦评价保罗·韦罗内塞[10]时说的话一样，"他画白皙美丽的金发裸女时，用的颜料就像街道上的烂泥"。

—

约1885年5月15日 | No. 409

这是我刚画好的头部素描。之前寄给你的一系列习作中有一幅一样的，其中最大的那幅。但是画面是光滑的。这次

10　保罗·韦罗内塞（Paul Veronese，1528—1588），意大利文艺复兴时期的画家。

田里的两个农妇
Two Peasant Women
Working in the Fields

No.405

No.404 No.R57 No.405
※ 吃土豆的人
The Potato Eaters

我没有突出笔触，颜色也大为不同。

我之前从来没有画过像是"用泥土画出的头像"，我以后要多画。如果一切顺利的话——如果能多挣点钱，就能多出去走走——我希望有空去画一下矿工的头像。不过，我会一直不断地画，直到心手合一，那样我画的速度就会比现在快很多，比如一个月的时间里，我能画三十幅习作。

—

1885年7月 | No. 417

上封信写得太仓促。眼下，我需要一整天的时间创作，因为去画画的路程就要花两个小时。我想画一些荒野中的可爱农舍。现在已经有四张跟上次寄去的一样大小的画了，还有几幅小的。这些画都还没干，我想回家再加点东西上去。不过我想等我寄这些过去的时候，一并寄些肖像习作给你。

我得跟你说，我已经有六幅很大的油画了，所以接下来我计划只画些小画。

—

1885年7月 | No. 418

人们可能会嘲笑库尔贝[11]的话："画天使！可谁曾见过天使？"但是我想多嘴一句："《闺房中的裁断》[12]，谁曾见过闺房中的裁断？斗牛！谁又曾见过斗牛？"还有那些关于摩尔人和西班牙主题的，红衣主教，还有那些历史题材的画，这种画一直在画，而且动辄高几米宽几米！可人们要这样的画来干什么？这些画枯燥无味，并且随时间变迁只会越来越令人乏味。

不论怎样，也许人家是用很精湛的技巧画出来的，也许吧。现在的鉴赏家站在诸如本杰明·康斯坦的《闺房中的裁断》面前，或者西班牙人或别的什么人迎接红衣主教的仪式的画面前，出于礼貌，他们要说些高深莫测的恭维话，诸如"技法高超"之类的。而这些鉴赏家面对农村生活场景的画或者拉法埃里[13]的素描时，居然用同样晦涩的言辞去挑剔乡村画家的技法。

你可能会觉得我这么说有失公允，但是我太了解那些异域风情的画是怎么在工作室加工出来的。只要一出门，到户外去创作，到现场画，什么难缠的事都有可能发生。比如说，你快要收到的那四幅油画，我可能赶走了上百只苍蝇，才保证它们一尘不染，更不用说灰尘和沙子什么了，而且别忘了，我还要走上一两个小时，带着画布穿过荒地和树篱，有时候，画会被树枝划出些奇怪的痕迹。更别提在这种天气下走几个小时到荒野后，你会又累又热。而且，模特不会像专业模特一样保持一个姿势不动，你想捕捉的效果会随着时间的推移越来越不同。我不知道这对你来说意味着什么，但是在我看来，我投入得越多，就越觉得农村生活让人着迷。要是我笔下的人物看起来很美，那我倒要绝望了；我才不想让他们看起来仅仅达到学术上的正确。我的意思是，如果有人要给一个挖掘工拍照，那么极有可能拍不到他工作时的状态。我发现米开朗琪罗的人物太棒了，尽管人物的腿部略长，髋和臀也太宽。米勒和莱尔米特[14]是真正的画家，他们画的从来都不是事物原本的样子，不是经过简单观察与分析后的客观事物，他们，米勒、莱尔米特、米开朗琪罗们，画的都是他们感受到的事物。我最大的愿望就是可以画

---

11 古斯塔夫·库尔贝（Gustave Courbet，1819—1877），法国现实主义画派创始人。
12 《闺房中的裁断》是法国画家本杰明·康斯坦（1845—1902）的画，描绘了伊斯兰国家女性成员居住的房子中的情景。
13 简·弗朗索瓦·拉法埃里（Jean-François Raffaëlli，1850—1924），法国现实主义画家、演员和作家。
14 莱昂·奥古斯汀·莱尔米特（Léon Augustin Lhermitte，1844—1925），法国现实主义画家，主要作品为描写农民劳作的乡土风景画。

Waarde Theo, Soo even heb ik Germinal ontvangen waar
ik onmiddelijk aan begonnen ben. ik heb er een 50
pag. mus van gelezen — die ik prachtig vind.
ik heb er ook eens geloopen .

No.409

145

出这种不准确，比如偏差、修正或者改变真实，然后让画作成为一个谎言，这么说也行，但是那一定会比绝对的客观更公正。

现在要停笔了，不过我还想跟你聊聊，聊那些画农村生活或者平民生活的画家，这些人并非深谙人情世故，但是他们却有可能比那些待在巴黎画异国闺房或者红衣主教迎接仪式的画家，被人铭记的时间更久。

—

约1885年9月4日 | No. 425

谈到工作，如前所述，我最近一直忙于画静物，它们真是太美了。我会寄给你几张。

我知道这些静物很难卖掉，但是画静物极为有用，我在冬天还要画很多。

你会收到一幅大的土豆静物画，在这幅画里，我尝试赋予物体以造型；我想表现出物体的质感，就好像如果拿它砸过去，你能感觉到这沉甸甸的、实实在在的质感。我现在在画鸟巢，已经画了四幅，苔藓、枯叶、草和黏土等的颜色会让那些熟悉并热爱自然的人非常喜欢。

—

1885年10月 | No. 428

在画面中补色，共时对比[15]的应用总是首要问题；其次就是相近色的互相影响，比如暗红和朱红，粉紫和蓝紫；再次是浅蓝色对比深蓝色，粉红色对比棕红色，柠檬黄对比棕黄等等，但是补色处理总是最重要的。

如果你能找到解答色彩问题的好书，可以给我寄一本，我还有太多的问题需要去探寻答案。

—

1885年10月 | No. 429

当然了，研究色彩原理可以让人从崇拜大师的天分上升到对审美的思考——什么是美——这在现在来说是非常必要的，尤其是想到人们会多么武断而肤浅地评头论足。

请你忍一忍我对当代艺术市场的悲观吧，因为这悲观里显然并不包含丧失希望。我这样劝自己：看看现在艺术品市场中诡异的交易，如果我算得准，这就像历史上的郁金香交易热一样，艺术品市场和其他投机性交易在这个世纪即将终结，正如它的出现一样，来得快，去得也快。

郁金香交易销声匿迹了，鲜花栽培业却依然繁荣。但作为一个只在乎自己植物的园丁来说，不论市场好坏，我都非常满足。

此时我的调色盘已经解冻了，以往的阴郁贫乏也一扫而空。

当我开始画时，当然还会犯点错，但是颜色自然流畅地接踵而来，我用某种颜色作为我的始发点，那么我脑海里就会很明白它会有怎样的效果，又将会给画注入怎样的生命力。

如果你从容地观察男人或女人的头部，就会发现它们真是无与伦比地美，对吧？自然色彩之美的整体魅力，会在刻板的模仿中消失殆尽，真令人惋惜。这种美感可以通过再创造类似的色彩体系而维持下去，不过一定是出于必要，而且绝不能与原有的色彩相同。

要巧妙地选取不同色系的美好色调，把这些颜色在调色板上打乱，然后基于色彩和谐的知识，从调色板上重新选择合适的颜色，这和一味机械、拙劣地模仿自然迥然不同。

还有另一个例子：假如我要画秋天的风景，长着枯黄

15　共时对比原理最早由法国化学家米歇尔 · 欧仁 · 谢弗勒尔（Michel Eugène Chevreul, 1786—1889）提出。他认为绘画的目的是尽可能地复原自然，要通过色彩的对比形成自然中光的明暗效果。这个理论后来发展为一个画面上同时呈现不同的色彩，通过让它们之间相互作用、相互影响，产生奇妙的视觉效果。

als ik meer tijd en voc ht

Tegen den winter zal ik van dit soort gevallen eenige

buikennyen maken.

la nichée et les nids - daar heb ik hart voor - vooral die menschen nesten

die hutten op de hei en hunne bewoners. —

狐蝠
Flying Fox

围桌而坐的农民家庭速写
Sketch of a Peasant Family at Table

公园人像
Figures in a Park

一所茅屋的草图
Sketch of a Thatched Cottage

Vincent

掘地的农妇
Peasant Woman Digging

叶子的树。如果我想把这创作成黄色的交响曲，那么我选择的主色调和现实中叶子颜色是否相同，重要吗？这影响简直微乎其微。大部分或所有的事物都基于我的感知，对同一色系无穷的色调变化的感知。

—

1885年11月4日 | No.430

不要因为我留在画上的笔触痕迹而忧虑。这说明不了什么，如果放上一年（或者六个月也足够了），然后用画刀刮掉多余的，画面色彩就会比笔触轻柔的画更稳定。

如果你想让画一直都很好看，保持始终如一的颜色，那么在亮的部分就要画得格外厚重些。这种刮除的方法不仅是以前的大师们使用的，也被现在的法国画家所采纳。

我觉得如果在画干透之前就用上光油罩染，上光油常常会随着时间变迁而全部褪色或者消失，但是如果是在干透之后再上，其效果则可以更持久。

你自己也说过我工作室的画的颜色并没有随着时间褪去，反而变得更好了。我觉得那是因为我没有用油调和，而是直接用颜料用力画上去的。

画完成一年之后，颜料中原有的一点点油已经挥发殆尽，这时候画面就只剩下奇妙的固态颜料肌理。在我看来，这很关键——如何画才能让色彩经得住时间的考验——这非常重要。不过，有些持久性好的颜料太贵了，比如钴蓝，真可惜。

—

1885年11月 | No.437

总之，安特卫普对画家来说，是个非常奇怪又很美丽的地方。我的工作室还过得去，尤其是墙上钉的一组日本画，我觉得特别好玩。你知道，就是那些在花园里或沙滩上的女性人物、骑手、鲜花还有交错的荆棘丛的画。

—

1885年12月8—15日 | No.439

我在坚持画模特，已经画完了两幅很大的头部特写，为画肖像画做准备。

第一幅画的是个老头儿，关于他我已经写信告诉过你了，类似维克多·雨果那样的脑袋。我还画了一幅女人的肖像，用了浅一些的色调，肉色、略显胭脂色的白色、鲜红色、黄色，还有淡淡的黄灰色背景，这样的背景下，她的脸部仅和黑色的头发部分形成对比。而衣服是紫色调的。

啊，一幅画就得去画才行——那为什么不去画呢？现在我观察生活时，总有一种类似感觉，我看到街上的行人，如此美好，但我发现女仆往往比她们的女主人更有趣、更美，而工人也总是比绅士更有意思。在平民小伙子和姑娘身上，我发掘出一种活力和生命力，要用厚重的笔触和简单的技巧，才能描绘他们迥异的个性。

—

No.439
※ 老人肖像
Head of an Old Man

No.439
※ 女人头像
Head of a Woman

戴白帽的女人头像
Head of a Woman with White Cap

No.441

1885年12月18日 | No.441

我把我的斯腾城堡[16]风景给另一个画商看了，他也觉得我的色调和用色都很棒，但是他正在盘点库存，而且场地有限。不过，我可以新年过后再去找他。外国人都想买点安特卫普的纪念品带走，这也挺好。所以我要多画一些类似的城市风光画。

昨天我画了一些可以看到大教堂的风景画。还有一幅公园小景。不过，我更想画人的眼睛，而不是教堂啊，因为人的眼睛里有教堂没有的东西，尽管教堂庄严雄伟，但人的灵魂，无论是潦倒的乞丐，还是街头的妓女，在我看来都更耐人寻味。我确信我在这里有事可做了。城里似乎有很多漂亮女人，所以好像可以靠想象画一些美女肖像或者头像或人像，来赚点钱。

—

1885年12月28日 | No.442

钴蓝是神圣的颜色，没有什么比把事物周围环绕布置上碧

16　斯腾城堡（The Steen），位于安特卫普的中世纪的沿海堡垒，意为石头堡。

蓝的天空更美好的事了。胭脂红是红酒的颜色，也和红酒一样温暖而活跃。

祖母绿也非常美，如果不去用这些颜色，那真是亏了。当然还有铬黄色。

—

1886年1月 | No.447

太奇怪了，当比较我和其他人的画作的时候，我发现它们鲜有共同之处。

他们的画基本上都是相同的肉色，离近看非常真切——但是离得远一点看，就非常单调了——所有的粉色、高级黄等，尽管柔和细腻，实际上却透露着生硬的感觉。我的做法是，近看的时候是有带点绿的粉色、黄灰色、白色、黑色，还有很多调和色，大部分颜色甚至都叫不出确切的名字。但是在画外看，就非常有感觉了；如果站得稍远一些，空气在画周围流动，波动的光线打在画上，连最后罩染的最小着色点，都会对你诉说着什么。

但是我还欠实践。应该再这样画五十幅，我也许就能掌握一些技巧了。上色是个费精力的活儿，因为我还没有建立一套完善的规范，所以要花很多的时间去摸索，直到累倒。但是持之以恒地画画，思考得越多，就越能尽快找到相称的表现手法。

有几个人看过我的画了。其中有一位上人体写生课的同学 [在梵高进修的艺术学院]，从我的农民肖像中得到了灵感，立刻加强了阴影的使用，使造型更强劲有力。他给我看了他的素描，我们还讨论了一下。那幅素描充满了生气，是我在这里见过的最好的素描。你猜别人怎么看这幅画？那个老师，希伯特，把他叫出去后，义正词严地告诫他，如果他敢再这么画，那就是在拿老师寻开心。我跟你说，

斯腾城堡风景
View of Het Steen

女人头像
Head of a Woman

IV

女人肖像
Portrait of a Woman

男人头像（可能为提奥）
Head of a Man（Possibly Theo Van Gogh）

这是唯一一幅画风遒劲的，加瓦尔尼或者丹瑟尔特[17]式的素描。你看，学院就是这样。但是这并不要紧，没必要因此沮丧，你还得装作若无其事，就好像下决心要痛改前非，但是很不幸，过不了多久，你就会不由自主地又照着以前的方法画起来。他们的人物素描总是头重脚轻，好像一不留神就会摔个四脚朝天，甚至没有一个肖像是能站得住的。

—

1886年2月 | No.448

现在我白天也在练素描了，艺术学院的老师——那个画肖像并且索价不菲的老师，反复问我是不是画过传统人物素描，还有我怎么自学素描的。后来他总结说，"看得出来你下了一番苦功夫"，还有"用不了多久就能有所建树，你会赚大钱的——也许会花一年的时间，但是这不重要，对吧"？

说到肖像画，如果我什么都想学，肯定没有太多时间分给肖像画。此处情况也是如此。

但是，让我颇有感触的是，有些方面我是一定要做出改变的。跟别人比起来，我太木讷了，就好像我被独自监禁了十年一样。恰恰大约十年前开始，我经历过了人生中艰难坎坷的时光，忧心忡忡，也没有朋友。

然而，这都会随着我绘画的提升而有所改善，我可以多加练习，丰富所学。就像我曾说过的，我们都走在通往光明的大道上。不要心存怀疑，成功之路就是打起精神，保持耐心，日复一日地不懈工作。改善自己的画，才是最重要的事。

—

1886年2月 | No.452

我觉得有必要告诉你，如果你同意让我在6月或7月之前去巴黎，事情对我来说会容易很多。我越想就越觉得这样更合我意。

还要跟你说，尽管我一直在坚持，但是实在无法忍受学院里的人对我吹毛求疵，他们一直心怀恶意。但是我尽力避免口舌之争，按照自己的想法行事。我觉得，在探寻的道路上，我正慢慢步上正轨，完全可以通过自学经典作品，来领悟绘画真谛。尽管如此，我还是很高兴曾在这里进修过，特别是我因此见识到了"遵循轮廓线"时能获得的效果。

因为他们经常那么画，然后还总想和我争个高低："首先要画轮廓线，你的轮廓线是错的，要是你在修正好轮廓线之前就去造型，我就不会给你批改。"你看，轮廓线是一切的基础。所以你可一定要看！这个教学体系生产出的作品，是多么单调，多么死气沉沉，多么乏善可陈。哦，我跟你说，真高兴我能这么近距离地看过。

—

1886年2月 | No.454

人们很难对大的趋势做出绝对精确的预测，所以最好暂且不考虑。但是如果进行精细的分析，人们可以发现本世纪最伟大、最具影响力的人往往是逆流而行的，他们开创了自己的天地。不管在绘画还是文学上，你都能发现这样的人（我对音乐一无所知，但我猜情况也是如此吧）。

17　欧克塔夫·丹瑟尔特（Octave Tassaert, 1800—1874），法国画家。

从微不足道之处做起，持之以恒，积跬步而至千里，个人魅力胜过财富，重创新而轻毁誉；米勒、森西尔、巴尔扎克、左拉、德·龚古尔[18] 以及德拉克洛瓦，无不如此。

实际上，即刻在巴黎开设工作室，跟再学一年之后再开是一样的，可能都不是好主意，对你对我来说都是。

如果我去巴黎的话，最明智的方式是等一年再看，在这一年里我们可以适应一下彼此，多相处，这样应该会有很大帮助，然后我们会少点顾虑，可以放松一些，因为在这段时间我们也会弥补各自的不足。

—

1886年3月 | No. 459
不要怪我来得这么急。我想了很久，我觉得这样咱们更能节省时间。中午我在卢浮宫等你，或者你想早点儿也行。

—

1887年夏 | No. 462
我对结婚生子的渴望已经消退了，有时候会因在这个年纪就有此心态而感到一丝悲凉，我才三十五岁，本该有完全

不一样的感受。

有时候我觉得自己老了，虚弱了，但我还未深陷于爱情，以至不再对绘画有激情。成功需要抱负，而所谓的抱负在我看来却如此荒诞。未来怎样我尚不知晓，但是最重要的是，我想减轻你的负担——以后并非绝无可能——我希望有一天你可以自信地去展示我的作品而无须妥协。到时我想搬去南方，远离所有这些我厌恶的画家。

—

1887年夏秋，妹妹[19] | No. W1
我对自己作品的看法是，在尼厄嫩画的那幅吃土豆的农民是我最好的作品。因为从那时起，我就很难找到模特了，但往好处想的话，我有了研究色彩的机会。

如果以后能找到模特，我希望能证明自己可以驾驭绿色风景和花卉之外的东西。去年，我几乎疯狂地画除了花之外的所有东西，来让自己习惯使用灰色以外的颜色，比如粉色、温柔鲜亮的绿色、淡蓝色、紫黄色、橙色以及漂亮的红色。

18　阿尔佛里德·森西尔（Alfred Sensier，1815—1877），法国诗人、作家，著有《米勒传记》。奥诺雷·德·巴尔扎克（Honoré de Balzac，1799—1850），法国著名小说家，法国现实主义文学成就最高者之一。其著作《人间喜剧》被誉为法国的百科全书。埃米尔·左拉（Emile Zola，1840—1902），19世纪法国最重要的作家之一，自然主义文学的代表人物，亦是法国自由主义政治运动的重要角色。爱德蒙·德·龚古尔（Edmond de Goncourt，1822—1896）和儒勒·德·龚古尔（Jules de Goncourt，1830—1870）兄弟，法国小说家，共同著有一些小说。龚古尔文学奖以他们命名。
19　妹妹指梵高的妹妹威廉敏娜（Willemina van Gogh，1862—1941）。

巴黎市政厅和圣雅克克塔
View of Paris
with the Hotel de Ville
and the Tour-Saint-Jacques

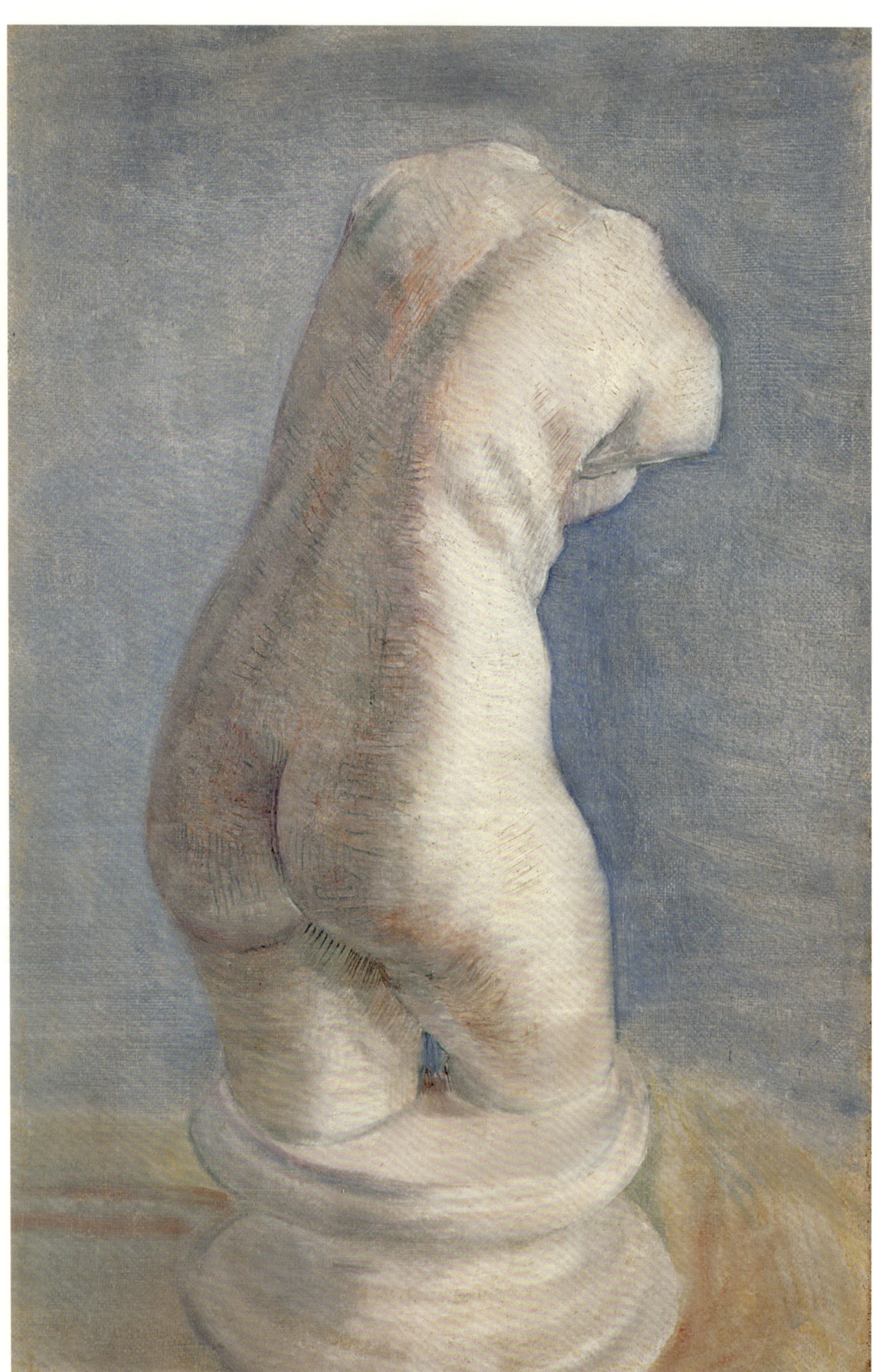

IV

掷铁饼者
The Discus
Thrower

戴毛毡帽的自画像
Self-Portrait with Felt Hat

有采石场的蒙马特山丘
The Hill of Montmartre with Stone Quarry

蒙马特小径
Path in Montmartre

雨中的桥（参照歌川广重）
Bridge in the Rain（after Hiroshige）
歌川广重（1797—1858），日本浮世绘画家。

阿根森公园的情侣
Couples in the Voyer d'Argenson Park
阿根森公园位于法国塞纳河畔阿涅勒

V
1888

1887年秋天，由于对巴黎社交生活的厌倦，以及与提奥同居而导致的关系紧张，梵高打算移居到法国南部。1888年2月，他来到位于普罗旺斯的阿尔勒镇，随即被这里如画般的风景和形形色色的当地人所吸引，他立刻游说同为艺术家的友人埃米尔·伯纳德和保罗·高更[1]来此与他为伴。

梵高一头扎进工作中，尽管其后几年他备受密斯托拉风[2]的折磨，但乡村生活为他带来了无穷的灵感，梵高进入了创作的高产期，除了几次中断，这种创作状态一直持续到了他去世前。

那年春天，他画了一系列开花的树，展示了他在巴黎时学到的更为明快的色调。6月，他去地中海沿岸待了一段时间，画海景及渔村。他甚至还在阿尔勒交到几个当地朋友，其中有邮差一家，一个咖啡馆主人，还有一个佐阿夫兵[3]，他们全都出现在了他的肖像作品中。

到了夏天，梵高已经表现出对自己绘画风格的自信，称之为"粗犷，甚至刺眼的"。不管是在构图上还是色彩上（黄色是那个夏天他钟爱的色彩之一），他一直在追求艺术上的弃繁就简、取其精华，并且对日本画的造型颇为赞赏。米勒的油画《播种者》对他影响很大，最初的构图学习也成就了后来的《星夜》。

那年秋天，他有一段时间紧张而疲惫不堪，所以狂热的创作有所减缓。但是他还在坚持写生创作，被迫休息的时候，也竭尽所能去画他的卧室。10月底，身体欠佳的高更，在梵高和其他人的劝说下，最终到达阿尔勒。

高更仅仅在阿尔勒待了九周，在这段时间，尽管有很多战友般的情谊，他们两个还是争吵不休。圣诞节前夕的争吵，最终激怒了梵高，导致他割下了自己的一只耳朵。后来，梵高入院接受治疗，精神受到重创的高更离开了阿尔勒。

1　保罗 · 高更（Paul Gauguin，1848—1903），法国后印象主义画家。
2　密斯托拉风（Mistral wind），是一种地方风，是以暴风形式吹向法国南部地中海岸的干燥、寒冷的北风。
3　佐阿夫兵是法国的一种轻步兵，原由阿尔及利亚募集组成，以严格的训练和穿华丽服装著称。——原注

粉色果园
The Pink Orchard

1888年2月21日 | No.463

首先，我想告诉你，这里四处堆积着两英尺厚的雪，雪还在下。阿尔勒看起来并没有比布雷达和蒙斯大。在到达塔拉斯孔 [1] 之前，我就已留意到这里奇特的景致了，杂乱的黄色石块滚落堆积在一起，真令人惊叹。在这个巨石堆就的小村子里，有一行行的圆形小树，它们有着橄榄绿或者灰绿色的叶子，有可能是柠檬树。但阿尔勒的乡村就平坦多了。广阔的红土地覆盖着葡萄藤，远处是变幻莫测的淡紫色山峦。这里的雪景也很棒，被白雪覆盖的山顶之后，有像白雪一样光辉灿烂的天空映衬，正如日本画里的冬季景色。

—

约1888年2月25日 | No.464

我手头的作品有：阿尔勒的老妇人、雪景及去猪肉店的石板路。这里的女人们非常漂亮——可真不是开玩笑的；但是另一方面，阿尔勒博物馆可真是一个骇人听闻的大笑话——它原本应该在塔拉斯孔的吧。不过这边确有一座藏有古物的博物馆，都是真品呢。

—

约1888年3月9日 | No.467

好不容易，今早的天气稍微温和了一些——我已经受够了密斯托拉风。我出去走了一圈，但是因为这风，我什么也做不了。

湛蓝的天空上，挂着灿烂的大太阳，几乎融化了所有积雪，但是那样干燥凛冽的风仍让人冷得起鸡皮疙瘩。跟往常一样，我看到些很美的东西——小山上的一座废弃修道院，山上长着冬青树、松树和灰色的橄榄树。真希望我能尽快去那儿看看。我刚刚完成了一幅吕希安·毕沙罗 [2] 风格的画，这次画的是橘子。到现在我已经完成了八幅习作，但都不能当真算数，因为我还没有好好地在温暖适宜的环境下画过画。

—

约1888年3月14日 | No.469

说起工作来，我今天带回家一幅15号 [3] 的油画，画的是小马车过吊桥，吊桥的轮廓衬在蓝天下，河水也是蓝色的，橙色的堤岸上长着绿色的植物，一群穿着罩衣、戴着各色系

No.469 No.B2
※ 朗卢桥
The Langlois Bridge

1　布雷达（Breda），荷兰布拉班特省的一个小镇。蒙斯（Mons），比利时埃诺省首府。塔拉斯孔（Tarascon），法国罗讷河口省的一个市镇，属于塔拉斯孔县。
2　吕希安·毕沙罗（Lucien Pissaro，1863—1944），法国画家，其父为印象派画家卡米耶·毕沙罗。
3　15 号画布尺寸大约为 65cm×50cm。

带帽的女人正在河边洗衣服。另一幅风景是乡村的小桥，也有女人在洗衣服。最后是一张靠近车站的林荫道，两旁长着法国梧桐。总之，自打我来这里之后，一共画了十二幅习作啦。这里的天气多变，时常阴天刮风，但是大部分地方的扁桃树都正在进入花期。

—

1888年3月18日，伯纳德 | No. B2

这里的乡村对我而言，如同日本一样美丽，空气清新、色彩明快。流水把陆地分割成一块块宝石绿或蓝色的色块，就像我们在日本版画里看到的一样。泛白的橘红色夕阳，让土地看起来像蓝色的。太阳是无与伦比的金色。

我还打算留在这里欣赏这寻常夏日的壮丽景色。女人们的着装都很漂亮，尤其是在礼拜日的林荫大道，总能见到精心搭配的色彩组合。我想，到夏天时，色彩一定会更有活力吧。

在信开头画的小素描，是我正在构思中的素材：水手们带着各自的女朋友走回城里，吊桥在烈焰般的金色夕阳下呈现出奇特的轮廓线。我还有一幅这座桥的画，里面有很多洗衣服的女人。

—

1888年3月30日 | No. 472

我正在20号 [4] 画布上创作，内容是一块犁过的淡紫色空地上两树粉色的桃花，长在芦苇栅栏围起的果园里，背景是美丽的蓝白相间的天空。这恐怕是我画过的最美的风景画了。因为大风，画画变得颇为困难，但我还是把画架设法固定在地上继续工作；这场景太美了，我根本无法抗拒继续创作的诱惑。

—

1888年4月9日 | No. 474

这里的空气对我的健康有益，我真希望你也能呼吸到如此清新的空气。可笑的是，在这里，一小杯科尼亚克白兰地就足以使我微醺，不过我并不需要刺激物来加速我的血液循环，所以这不会对

4　20号画布尺寸大约为73cm×60cm。

开花的果园
Orchard in Blossom

我的身体造成负担。这个月对你对我都有些困难，可只要能撑过去，反而对我们有好处，我要尽可能多地去描绘花季的果园。我已经开始动笔了，而且还要再画十幅同样题材的。你知道我在工作上是多么善变，所以对果园的热情也不会一直持续。画完这个题材，我可能会画斗牛场。之后我还有数不清的画要画，还要画像日本浮世绘[5]风格的素描。趁热打铁是唯一的方法。

我也一定要画下繁星闪耀的夜空以及柏树或者成熟的麦田，这里的夜色特别美。我对工作的热情丝毫不曾减退。

—

1888年4月9日，伯纳德 | No. B3

此刻，我正被繁花盛开的果树深深吸引：粉色的桃树，黄白的桃树。我的笔法毫无章法可循，就是把并不均匀平滑的笔触撞击在帆布上，不加修饰。

厚重的颜料堆砌出不同色块，画布上不可避免地有些没有被颜料覆盖的地方，其余则是完全没完成的样子，有些已经过修整，有些则潦草不堪；实际上，我知道这样的作品挑战了人们心中对绘画技法先入为主的成见，会觉得它令人不安、使人烦扰。

在现场作画时，我尝试去捕捉素描线条的基线，然后再去填充轮廓线框定的空间，有些轮廓线很明显，有些虽不明显，但却筋骨犹存；我用简明的色彩来使所有的土壤都呈现同样的紫色色调，整个天空则是蓝色色调，植物要么是蓝绿色，要么是黄绿色，这么做是要特意强调画中黄色和蓝色的独特个性。

—

约1888年4月13日 | No. 477

跟你说，我正在创作两幅画，打算拿它们做拷贝。粉色桃树那幅最让我费尽心思。

从另一张纸上的三幅草图能看出来，这三个果园多少挺搭配的。我还画了一幅竖幅的小桃树，放在那两幅横幅的画中间。这样，就有六幅花季的果园了。我每天都试着去再添几笔，力求使画面达到整体的和谐。我希望再画三幅，做成一组画，不过现在这个构思还处于萌芽或孕育状态。

我很想完成这九张组画。

我们也可以把今年的这九幅画作为一组大型的装饰方案主题（由 25 号和 12 号油画布组成），刚好在明年这个季节去展出。

这是另外一幅，放在中间的 12 号画布。

紫色作为土壤的颜色，背景是墙和笔直的杨树，衬着湛蓝的天空。小梨树有着紫色的树干和白色的花，黄色的大蝴蝶在花丛中穿梭飞舞。左边角落里，是个由黄色的芦苇栅栏围起来的小花园，绿色的树丛，还有一个花圃和粉红色的小房子。这些是我关于果园花季装饰方案作品系列的一些构想。

唯一的问题就是，剩下的三幅还只有大致的草稿，成品会是个大果园，周围环绕着柏树，里面则长满大梨树和苹果树。

—

约1888年4月21日 | No. 478

这幅果园的素描，是我特地准备在5月1日[6]送给你的。画面很简洁，很快就完成了。若有若无的黄色加上浅紫色的颜料层，厚厚地以螺旋形笔触涂抹在白色的花丛上。

5　浮世绘是日本的风俗画、版画，是日本江户时代（1603—1867，也叫德川幕府时代）兴起的一种独特的民族艺术，是典型的花街柳巷艺术，主要描绘人们日常生活、风景和演剧。浮世绘常被认为专指彩色印刷的木版画（日语称为锦绘）。

6　提奥的生日。——原注

No.477

No.478

你那时应该已经在荷兰了，也许当天你会看到繁花盛开的那棵树呢。

—

1888年4月，妹妹 | No. W3

我手头现在有六幅画，画的是花季的果树。你也许会喜欢我今天带回家的那一幅——那是果园里犁过的一块地，灯芯草条编的围墙和两树盛开的桃花。粉色映衬着闪亮如洗的碧空，云朵洁白，阳光明媚。

—

1888年5月12日 | No. 487

我又完成了两幅新习作，其中一幅你已经见过它的草稿了——通往麦田的大路旁的农场。娇艳的黄色毛茛花遍布四野，鸢尾草长在水渠上，碧绿的叶子和紫色的花。背景是小镇，几棵灰色的柳树和一抹蓝色的天空。如果草地还没有割，我想再画一幅，这个题材真是太美了，但我一直找不到合适的构图。小镇被开满黄紫相间的小花的田野环绕着——可以想象，多有日式梦幻的效果啊。

—

1888年5月14日 | No. 481

最近风刮得格外久，四天里有三天是密斯托拉风肆意发作，尽管有太阳，在户外画画也是非常困难的。

我觉得在这儿能画出好的肖像画。这里的人们对绘画的态度通常是视而不见，但是他们的长相和风俗生活，可比北方人更具艺术感。有些人就长得像戈雅和委拉斯开兹[7]画里的人物。他们懂得在黑色套装上点缀一点粉色，也喜欢把白色、黄色、粉色精巧地搭配在一套服饰上，有时甚至是绿粉相间，或者蓝黄相间，从艺术角度看，几乎是浑然天成，无须雕琢。如果不顾及时装，修拉一定能够在这儿找到可以入画的人物。

—

约1888年5月15日 | No. 488

我新画了两幅作品，分别是桥和一条主路旁的一景。这里的主题与荷兰相应的景色并无二致；唯一的区别就是色彩。不管哪里，阳光所到之处，皆是硫黄一样的色彩。

你还记得我们一起看过的雷诺阿[8]的那幅画吧，壮观的玫瑰园。我觉得我找到和那里类似的景色了，真的，就是这花季的果园。现在景致已变，天气也变得很恶劣，可是外面还是那么绿，那么蓝！不得不说，我见过的塞尚[9]的几幅风景画完美地表现了这种景色，真后悔没有多看些这样的作品。有一天，我还看到了像蒙蒂塞利[10]的风景画一样美丽的景色，有杨树的那幅，我们在里德[11]那里一起看到过。

你可能要去尼斯，才能找到更多像雷诺阿画里的花园。我只在这里见过很少的玫瑰，不过这里确实有一些玫瑰，包括那种很大的普罗旺斯玫瑰。

---

7 弗朗西斯科·戈雅（Francisco José de Goya，1746—1828），西班牙浪漫主义画家，画风奇异多变。罗德里格斯·德席尔瓦·委拉斯开兹（Diego Rodríguez de Silvay Velázquez，1599—1660），西班牙文艺复兴后期画家。

8 皮埃尔-奥古斯特·雷诺阿（Pierre-Auguste Renoir，1841—1919），法国印象派领导式人物，以女性形体的画最为出名。

9 保罗·塞尚（Paul Cézanne，1839—1906），法国后印象派画家。

10 阿道尔夫·蒙蒂塞利（Adolphe Joseph Thomas Monticelli，1824—1886），法国印象派画家。

11 亚历山大·里德（Alexander Reid，1854—1928），苏格兰艺术商人，梵高的朋友。

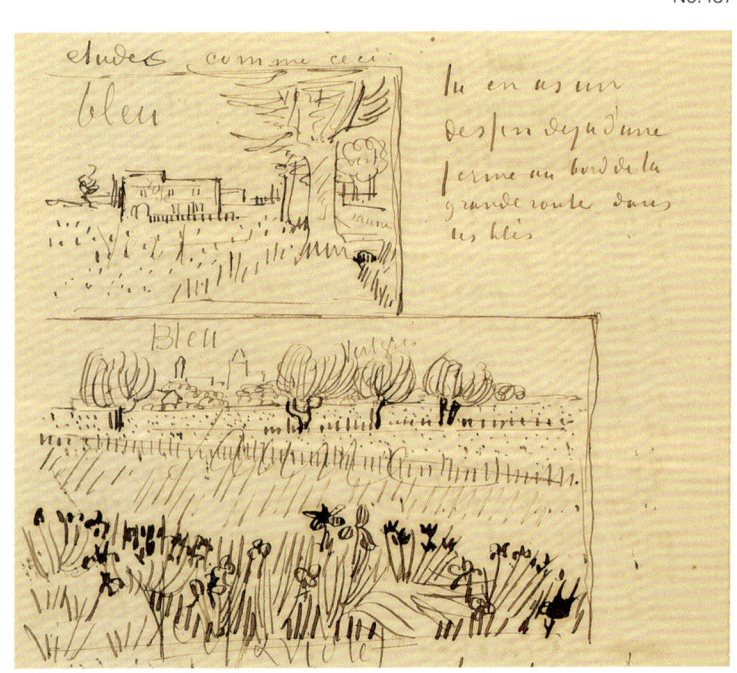

No.487
※ 阿尔勒附近的花田
Field with Flowers near Arles

No.487

约1888年5月20日 | No.489

这周我画了两幅静物。

一幅是一个蓝色釉彩的咖啡壶,一个品蓝与金色相间的杯子(左边),一个浅蓝白棋格纹的牛奶罐——右边——一个蓝色和橙色纹饰的杯子,放在灰黄色的陶制碟子上,一个蓝色施釉或者锡釉陶罐被装饰成红、黄、棕三色,以及两个橘子和三个柠檬;桌子上铺着蓝色桌布,背景是黄绿色的。这样的话,画面里就有六种蓝色和四或五种黄色以及橙色。

另一幅静物是插有野花的锡釉陶罐。

—

约1888年5月20日,伯纳德 | No.B5

我画了一幅静物,是一个蓝色釉铁咖啡壶,一套品蓝杯子和碟子,一个浅蓝白棋格纹的牛奶罐,一个橙色和蓝色纹饰的白色杯子,一个蓝色锡釉陶罐,陶罐上绘有绿色、棕色和粉色的花和叶子。这些都放在蓝色的桌布上,衬着黄色的背景与陶罐间的两个橘子和三个柠檬。所以,这是一曲蓝色变奏曲,由黄到橙的色系点缀其中,为其增添生气。然后,我还画了另一幅静物:黄色背景下盛着柠檬的篮子。

还有一幅是阿尔勒的风景。仅能看到小镇零星的几个红色屋顶和高塔,其余都隐藏在无花果的叶子中,或者消融进远处的背景,仅剩下一条狭窄的天空。小镇四周是大片的草地,草地上盛开着数不清的毛茛花——黄色的海洋;前景的草地被一条水渠隔开,水渠上则盛开着紫色的鸢尾花。我画画的时候,人们正在剪草,所以这仅仅算是一个习作,离我预想中完成的作品还有差距。但是这真是个好题材啊!黄色的海洋加上一条紫色鸢尾花带,远处是迷人的小镇和镇中美丽的女子!然后还有两幅路边风景的习作,是稍晚些密斯托拉风来袭的时候画的。

—

1888年5月26日 | No.490

今天给你寄了一些素描,我还会再加画另外两张。这几幅是在一个石头山坡上看到的风景。山坡正对着克劳[12](一个出产顶级葡萄酒的地方)、阿尔勒镇和芳特维耶[13]。荒野而又浪漫的前景,与远处风景的辽远宁静形成对比,视线渐渐推远,最终融入阿尔卑斯山脉,此处因戴达伦[14]和阿尔卑斯山登山俱乐部的探险而闻名。这样旷野和浪漫前景的对比,真是富有画面感。

另外这两幅素描是一些补记,让你对石头上的废墟有所了解。我时时刻刻都迫切地想要去画,无论是用笔刷或是用铅笔等材料,永远都画不够。我现在尝试把画面的精华部分画得更夸张,而其余之处故作含糊。

—

1888年5月28日 | No.492

我真希望所有人都能像我一样,来一趟南部。在蒙马儒[15]的一个傍晚,我看到红色的日落,晚霞落在乱石之中伸出的松树树干和松叶上,让树干和叶子染上了火一样的橙色,其余的松树则耸立在更远的地方,那里是普鲁士蓝衬托着柔和的蓝绿色天空。如同莫奈[16]画里的效果,美极了。树下的白沙和一层层白色岩石闪着一点点蓝色的光。我真想整合一下之前给你的那些草图,来画个全景。这景色那么

---

12 克劳(The Crau),位于法国境内,罗讷河和迪朗斯河汇流的地方。
13 芳特维耶(Fontvieille),位于摩纳哥西部地区。
14 戴达伦(Tartarin),法国作家阿尔封斯·都德(1840—1897)小说《达拉斯贡的戴达伦》中的主人公。
15 蒙马儒(Mont Majour),地名,在法国普罗旺斯地区。
16 克劳德·莫奈(Claude Monet,1840—1926),法国印象派代表人物和创始人之一。

Et c'est logique que tu y ailles puisque nous
je ne puis être sûr que la famille reste
au même endroit cette année (cependant
elles y viennent depuis plusieurs années et
Perruchot doit connaître l'adresse en ville)
C'est peut être une illusion que je me
fais mais - je ne puis m'empêcher
d'y penser et peut être cela leur fera plaisir
et à toi aussi si tu les connais.
Écoutes - je ferai tout mon possible
de t'envoyer de nouveaux dessins
pour Dordrecht
J'ai fait cette semaine deux natures
mortes.

un cafetier en fer émaillé bleu une tasse (à gauche) bleu
de roi et or un pot à lait carrelé bleu pâle et blanc
une tasse - à droite blanché dessins bleu orangé sur
une assiette de terre jaune gris un pot en barbotine
ou majolique bleu avec dessins rouges verts bruns
enfin 2 oranges et 3 citrons la table est couverte
d'une draperie bleue le fond est jaune vert
Donc 6 bleus différents et 4 ou 5 jaunes x oranges
L'autre nature morte est le pot de majolique avec des
fleurs sauvages

Mon cher Theo, ce que tu m'écris de ta   2 Mai 1888 489
visite chez Gruby m'a étonné pourtant
cela me rassure que tu sois allé là
Y as tu réfléchi que l'hébétement un senti-
ment de lassitude extrême - pourrait
être causé par cette maladie de
cœur et que dans ce cas l'iodure de
potassium serait innocent de ces
abrutissements - Si tu te rappelles combien
cet hiver moi même j'étais abruti justement
au point d'être absolument incapable
de faire quoi que ce soit, sauf un peu
de peinture, alors que pourtant je
n'en prenais pas du tout d'iodure de potassium
Alors si j'étais de toi je m'expliquerais
avec Rivet là dessus, Si Gruby te
dit de ne pas en prendre
Enfin ce sera en tout cas - je n'en
doute pas ton intention d'être ami
avec l'un & avec l'autre
Je pense souvent à Gruby ici
et maintenant et en somme je
m'en trouve bien mais c'est qu'ici
j'ai l'air pur et la chaleur qui
me rendent la chose plus possible
Dans tous les tracas & le mauvais
air de Paris Rivet prend les choses
comme elles sont sans chercher à
créer un paradis et sans chercher
le moins du monde de nous
perfectionner Seulement il
forge une cuirasse ou plutôt
il aguerrit contre le mal et entretient
le moral je trouve en blaguant le mal
qu'il y en a.

丰收
The Harvest

V

桑泰斯－马里耶德拉－梅沙滩上的渔船
Fishing Boats on the Beach at Saintes-Maries-de-la-Mer
桑泰斯－马里耶德拉－梅是法国罗讷河口省一个市镇

桑泰斯 - 马里耶德拉 - 梅附近的海景
Seascape near Saintes-Maries-de-la-Mer

宽阔，却不会消退成灰色，即使到了地平线的最远处，也还是绿色的，山脉的线条则是蓝色的。

—

约1888年6月4日 | No.499

现在，我是在地中海边上的桑泰斯-马里耶德拉海湾给你写信。地中海就如同鲭鱼的颜色一样。我之所以这样比喻，是因为海的颜色瞬息万变，甚至无法确定是不是蓝色，或许下一秒瞬息万变的光线，又为它添了一丝粉色或者灰色。有天晚上，我沿着海边一个无人的沙滩散步。那里不算热闹，但也不凄凉，只是美。深蓝色的天空中点缀着比基础钻蓝色还深的蓝色云朵，其他则是蓝和奶白混合的颜色。在深邃的蓝色中群星闪烁，淡绿色的、黄色的、白色的、粉色的，比家乡甚至巴黎的星空更明亮，更令人赞叹，更像宝石——像蛋白石、绿宝石、天青石、红宝石和蓝宝石。海是深深的群青色——海滨在我看来是紫色和赤褐色的色调，而沙丘（大约有五米高）上的灌木则是普鲁士蓝的。

—

1888年6月5日 | No.500

我看到大海了，也确信留在南部的重要性和进一步使用夸张色彩的必要性，而非洲也近在咫尺。我真希望你也来这里，用不了多久，你就会和我有一样的感受：看事物的方式会改变，用更日式的眼光去看事物，就会对色彩有不同的感受。事实上，我确信在这里逗留一段时间恰好能释放自我。日本艺术家作画非常快，简直可以说是迅如闪电，因为他们非常放松，他们的感受更简明直接。我来这里才不过几个月，但是你觉得要是在巴黎，我能在一个小时之内画完一幅很多船的画吗？现在我甚至不用借助透视

架，因为根本不用测量，只是让手中的画笔自由驰骋。

—

1888年6月21日 | No.501

经过一周在烈日下麦田中的紧张工作，终于画出了几幅作品，关于麦田、风景，还有一张播种者的素描。

在犁过的田地中，紫色的土块向上延伸至地平线，一个身着蓝白相间服装的男人在播种，地平线上是低矮的成熟麦田，上面则是金黄的天空和金黄的太阳。仅从我的色彩术语上就能看出来，在这个构图里色彩具有举足轻重的地位。

播种者的素描有25号画布那么大，一直占据着我的脑海，我不知道是不是不应如此认真地画这样一幅素描，而是该把它变成一幅巨大的油画。敬爱的主啊，我真想这么做啊。但我总担心自己没有足够的精力来完成。

于是，我把这张素描放在一边，不敢多想。我一直都梦想着能画幅播种者的画，但是长久的渴望未必能成为现实，所以我有些害怕。再者，米勒和莱尔米特之后，播种者这个题材能做的仅仅是色彩和更大的尺幅。

说点别的吧，我终于找到了一个模特，即一个佐阿夫士兵，一个有着牛的脖子、老虎的眼睛的小脸男孩。我一幅接一幅地画他的肖像，他的半身像特别难画，外套下面是蓝色珐琅釉锅子的颜色，边缘是暗红色或者橙色的编织装饰，胸口两侧分别有一个柠檬黄的星星，这蓝色看似普通却非常难画。我把他那晒得黝黑、像猫一样的头部画在门和墙前面，头戴茜红色[17]的帽子，后面是绿色的门以及橙色的砖墙，把这样迥异的色调组合起来还真有点粗暴，绝非易事。

这幅画，对我来说非常难，但我还会继续画这样粗犷或者市井的肖像。我从其中学到的，比预期的还要多。第二幅肖像，将会是一幅站在白墙前的全身像。

---

17 茜红是介于深红和橘红色之间的一种颜色。

No.501
※ 佐阿夫士兵

1888年6月6—11日，伯纳德 | No. B6

一个技术上的问题，回信说说你的看法。我大胆地决定把从颜料商那里买来的黑色和白色直接放到调色板上，不做调整，直接用在画布上。这里我说的是日式风格里的色彩简化，如果在一个绿意盎然的花园里，一个穿着黑色衣服的绅士，看上去像是一位当地的治安法官（都德的"达达兰"里那个阿拉伯犹太人会把这位可敬的官员叫成"哈官"而不是法官），这位绅士站在园中的粉色小路上，读着《果敢报》，头上是纯净的钻蓝色天空……那为什么不把"哈官"画成炭黑色而报纸为纯白？日本画家不用混合色，而是用单色颜料紧挨着简明的线条和轮廓线平涂，来表现动态和造型。

换一种思路去想，画一个基础色时，比如傍晚的黄色天空下刺目的白墙，这种纯白可以用不同寻常的色彩去表达，以未调和的白色加一点点中性色，因为傍晚的余晖为白墙披上一层别致的淡紫色。或者在简单的风景里凸显全白的农舍（包括屋顶），农舍脚下的橙黄色大地，在西边天空和地中海愈加深邃的蓝色对比下，色彩愈加浓重。门的黑色阴影、窗户的玻璃以及屋顶的小十字构成了黑与白的共时对比，和蓝与橙的对比一样悦目。

更有意思的是，想象一个身着黑白棋格纹裙子的女子，站在同样纯净的蓝天和橙色大地上，这真是有趣的画面。不过，阿尔勒的人们确实穿这样图案的衣服。简单来说，黑和白也需要被当作色彩，因为在很多情况下确实如此，它们的视场对比恰如红绿对比一样震撼。

正因如此，黑白才被日本画广为采用。仅靠白色的纸张和简单的几笔，就可以运用黑白恰如其分地描摹出年轻女孩白皙朦胧的肤质和与之对比强烈的黑色头发，甚至表现点缀着无数玫瑰的黑色荆棘丛也不在话下。

我终于见到了地中海，不过估计你会比我先跨过它。我在桑泰斯－马里耶德拉海湾待了一周，乘公共马车穿过卡马尔格[18]的大片葡萄园和石南地，田野如荷兰的一样平坦。桑泰斯－马里耶德拉的女孩们让我想起契马布埃和乔托[19]的画——纤细、挺拔又带着一丝忧伤和神秘。绿色、蓝色、红色的小船停靠在平整的海岸上，无论颜色还是形状都令人愉悦，让我想起一朵朵的花。只要一个人就可以操纵这些小船，但它们并不适合远航。风平浪静则出海，风起浪涌则归航。

我急切地想知道天空的蓝色更强烈一些会有怎样的效果。弗罗芒坦和杰洛姆[20]认为，南部的土地是没有色彩的，很多人也这么觉得。当然了，如果你手握沙子，贴得很近去观察，它确实是无色的，水或者空气也一样。蓝不可无黄或无橙；如果要用蓝色，就必须用黄色和橙色搭配，对吧？但你要说我写的都是陈词滥调了吧。

18 卡马尔格（Camargue），法国地区名，靠近阿尔勒。
19 契马布埃（Cimabue，1240—1302），意大利佛罗伦萨画家。乔托·迪·邦多纳（Giotto di Bondone，1267/1275—1337），意大利画家、建筑师。
20 尤金·弗罗芒坦（Eugène Fromentin，1820—1876），法国画家、作家。让－里奥·杰洛姆（Jean-Léon Gérôme，1824—1904），法国古典主义画家。

约1888年6月18日，伯纳德 | No.B7

这是一幅播种者的素描：大片犁过的田地，翻起的泥土呈现紫色，成熟麦田的赭黄色调略带一点胭脂红。浅色的天空是1号铬黄[21]掺一点点白，像太阳一样明亮，而天空的其他部分则是1号和2号铬黄混合而成。的确非常黄。播种者穿着蓝色的衬衫和白色裤子。土地也披洒了一层黄色，呈现出黄色和蓝紫色混合之后的中间色；不过我已经不太在意真实的颜色了。我更愿意创作像老历书一样单纯的图画，就是那种旧时的农村历书，以完全原始的方式来表现冰雹、雪、雨以及好天气，如同安克坦[22]在《丰收》里所成功描绘的一样。坦诚地说，我对乡村生活尤其偏爱，生长于乡间，零星记忆的片段和对播种者及谷束所象征的永恒的渴望，让我着迷不已。但什么时候我才能把盘旋在脑海中的星空沉淀到纸上呢？哎呀，哎呀，正如乔里-卡尔·于斯曼[23]的小说《共同生活》里的西普里安所说：最好的画是你躺在床上、叼着烟斗的时候灵光浮现，但却永远还没画出来的。

但是对着这样完美、壮阔绝伦到妙不可言的自然，不论你感觉自己多么拙劣无能，都要提笔一试。

这是另一幅风景，日落时？或者月出时？反正是夏季的阳光。紫罗兰色的小镇，黄色的星星，蓝绿色的天空。麦田的色调有古金色[24]、紫铜色、金绿色、红金色、金黄色、蛋黄色、红色和绿色。画在30号的正方形画布上。这幅素描是在密斯托拉风正猛烈的时候画的，我把画架用铁栓固定到了地上，也推荐你试试这玩意儿，先把画架腿插进地面，然后把半米长的铁栓固定在它旁边，用绳子把架腿和铁栓绑起来。这样就可以在风里画画了。

关于黑色和白色，我想以《播种者》为例来谈谈。画面分两部分：上半部分是黄色的，下半部分是蓝紫色的。白色的裤子可以让观者在看过黄色和蓝紫色超强烈对比的刺目效果后，暂且转移注意力，放松下眼睛。这就是我想说的。

—

约1888年6月22日，妹妹 | No.W4

这边的色彩非常漂亮。绿色是盎然的浓绿，像我们在北方无风的时候才有幸见到的那种。而当这绿色被点燃或是被灰尘覆盖，也不会变得很难看，这时候每一种色彩像染上了一层金色，金绿色、金黄色、金粉色、金铜色——从柠檬黄到谷堆的浅黄色。这种色调和着蓝色，从海水深邃的品蓝色到勿忘我明亮的钴蓝色，还有泛绿的蓝色和紫蓝色。

当然了，橙色是极富诱惑的——被日光晒过的脸看上去就是橙色的。并且由于大量的黄色，立刻和蓝紫色产生一种碰撞感；灯芯草编的篱笆、灰色的茅草屋顶或是耕耘的田地，都看上去比我们那里有更多的蓝紫色。你猜对了，

---

21 1号、2号、3号铬黄分别指：柠檬黄，黄色，橙黄。
22 路易斯·安克坦（Louis Emile Anquetin，1861—1932），法国画家。
23 乔里-卡尔·于斯曼（Joris-Karl Huysmans，1848—1907），法国作家。
24 古金色是一种由浅橄榄色或黄褐色到深的或浓的黄色的暗黄色。

No.W4
※　一个画家的自画像
Self-Portrait as an Artist

麦田
Wheatfield

这里的人们大都长得漂亮。简而言之，我觉得这里的生活所回报给人的，远远比其他地方多。

现在我要描写一下自己，看看是不是能把自己的肖像描述出来。首先，我想说，在我看来，同一个人也能为风格迥异的肖像画提供素材。以下是我对自己对镜自画像的一点评论，这幅肖像现在在提奥那里。

略带粉色的灰色脸庞，绿色的眼睛，灰烬一样颜色的头发，前额有皱纹，嘴唇四周的僵硬胡子是火红色的，看着凌乱而哀伤，但嘴唇是饱满的，身着蓝色粗麻罩衣，手里拿着调色盘，上面有柠檬黄、朱红、铬绿、钴蓝，就是除了胡子的橙色之外的所有色彩。人物站在灰白的墙前。你或许会说这有点像凡·伊登[25]书里描绘的死神的脸——也不错，不管怎样就是这样一个人物——画自己并非易事；无论如何，都不同于照片。你知道吧，这一点就是我所理解的印象派最独特的地方：它不平淡乏味，你所要寻找的相似比摄影师追求的那种真实更深刻。现在，我的相貌看起来跟那幅肖像有了很大差别，因为现在我没有头发，也没有胡子，都已经剃掉了。我的脸从有些绿色的灰粉色变成了灰橙色，蓝色外套也变成了白色，我总是满身灰尘，像个刺猬一样插满杆子、画架、画布和其他装备。只有绿色的眼睛依旧，另一个跟肖像画里一样的颜色就是黄色的草帽，我戴着它像个走四方的农场劳力，还有一个黝黑的小烟斗。

约1888年6月17日—7月，拉塞尔[26] | No. 501A

我一直想着要给你写信，但是工作占用了大量的精力。现在这儿正是丰收的时候，我基本上都在田里。这里的乡村居民常常让我想起佐拉画里的人物。马奈[27]也会喜欢这里的人和城镇的样子。伯纳德还在布列塔尼[28]，他肯定在拼命画画，也一定过得不错。高更也在布列塔尼，但是他的肝病又犯了。我真希望在那边陪着他，或者他在我这里。

我弟弟在做一个克劳德·莫奈的画展，他最新的十幅画，有一幅画的是有红色日落和海边冷杉树丛的风景画。红色的阳光照在蓝绿色的树上和地面上，反射出橙色或血红色的光线。我真希望能亲眼看看这些画。我记得我弟弟那里还有一幅高更的画，据说很不错，画的是两个黑人女人在交谈，是他在马提尼克岛[29]上的时候画的。麦克奈特[30]说他在马赛见过蒙蒂塞利的画《花枝》。我要快点写完这封信，因为我感觉脑子里涌出了更多抽象的东西，如果我不赶快把信写完，肯定会拿起画笔去画，那样你就收不到这封信了。我听说罗丹[31]在沙龙展示了一个美丽的头部雕像。我在海滨住了一周，极有可能近期再去。平坦的沙滩——人物美妙如同契马布埃的画——十分雅致。我正在画播种者；大片的紫罗兰色的田野与黄色的天空和太阳，这真是个难画的题材。

—

25　弗里德里克·凡·伊登（Frederik Willem van Eeden，1860—1932），荷兰作家。

26　约翰·拉塞尔（John Russell，1858—1930），奥地利画家，梵高在巴黎求学时的同窗。——原注

27　爱德华·马奈（Édouard Manet，1832—1883），法国画家和印象派的先驱。

28　布列塔尼（Brittany），法国西北部的布列塔尼半岛。

29　马提尼克岛（Martinique），位于中美洲的加勒比海上，是法国的一个海外省。

30　道奇·麦克奈特（Dodge MacKnight，1860—1950），美国后印象派画家，梵高的朋友。

31　奥古斯特·罗丹（Auguste Rodin，1840—1917），法国雕塑家，现代雕塑的先驱。

1888年6月24日，伯纳德 | No. B9

我常常会画得太快，这算个缺点吗？我忍不住啊。

比起冷静的笔触，难道我们追求的不是热血沸腾的激情吗？在如此令人激动的环境中，比如在实地或在自然中，真的有可能保持冷静且有条不紊的笔触吗？敬爱的上帝啊，在我看来，这就像击剑时发起进攻一样吧。

—

1888年6月28日 | No. 503

这两天都在画播种者，已经全部重新画过。天空是黄绿相间，大地是蓝紫色和橙色相间。我坚信这个绝妙的题材是值得画的，并且希望有一天能被画下来，不论是我还是其他人。

米勒的《播种者》是色彩浅淡的灰，恰如伊斯拉尔斯的画一样。

那么，现在有可能用黄和紫的对比来画播种者吗？（就像德拉克洛瓦画的卢浮宫阿波罗拱顶一样，那个就是黄色和紫色的）——是或否？当然是可行的！那就这样做吧！就像老马丁[32]说的——"杰作是由你创造的"。可你一旦着手去做，又会沦陷在蒙蒂塞利那种形而上学的色彩理论里，头晕目眩，这棘手的困境，但凡有些能力的人都想摆脱吧。

这里的色彩真不错。我在川归泰利[33]的铁桥那里见到碧绿的罗讷河，那里的天空和河水都是苦艾一样的绿色，堤岸则是一道丁香紫色。黑乎乎的人倚着矮墙，手肘支在

上面，铁桥是深蓝色的，带一点活泼的橙色和一点浓重的铬绿色。又是一次没有结果的尝试，我想寻找一些看起来很古老的东西，但是并不那么容易。

—

约1888年7月7日 | No. 504

我跟你说，所有人都会觉得我画得太快了，但是你可别信他们。

难道不是情感和对自然的真切感受在指引我们绘画吗？如果这些情感太过强烈，你画的时候根本不觉得自己是在画画，有时就是一笔接一笔地流淌而出，就像语言或书信里连贯起来的文字一样，那么你一定要知道，这种情况并不会一直都有，将来也会有灵感枯竭的艰难时刻。

所以要趁热打铁，把锻造好的铁条存起来，这很重要。

—

1888年7月初 | No. 507

不要总想象我还处在矫情的狂热状态里；要知道，我现在正在忙着规划我的创作，这会产生一批作品，虽然创作迅速，但需要漫长的前期思考。所以要是再有人说我画得太快，那就告诉他那是因为他们看得太快。况且，现在每次寄作品给你之前我都会稍加润饰。在丰收的季节，我的工作绝对不比丰收期的农民轻松。不过我并不是抱怨，正相反，恰恰是人生里的这些时刻，我才觉得作为一个艺术

32　皮埃尔·费尔曼·马丁（Pierre Firmin Martin，1817—1891），巴黎的一个画商。
33　川归泰利（Trinquetaille），阿尔勒镇的一个地方，位于罗讷河西岸。

No.503
※ 播种者
The Sower

家——即便这可能不是真实的生活中那样——能感到一种快乐，几乎就像我生活在某种理想化的现实生活中一样。

—

1888年7月5日 | No.508

昨天日落的时候，我去了一片多石的荒野，一些小的橡树在里面弯弯曲曲地生长着，远处是山坡上的废墟和山谷中的麦子。这情景极其浪漫，像蒙蒂塞利的画，太阳那明亮的黄色光线打在树丛中和地面上，一切都沐浴在金色中。这些线条那么优美，所有这些都有一种迷人的高贵感。

倘若突然看到骑士和淑女们带着猎鹰打猎归来，或是听到普罗旺斯的某个老游吟诗人的声音，你应该一点都不会感到惊奇。土地看上去是蓝紫色的，而远处蓝成一片。

有一个新主题——花园一角，圆形的树丛和一棵枝条下垂的树，背景是一丛夹竹桃。新割过的草地上，一道道

No.508

干草在阳光下枯萎，上方是一角蓝绿色的天空。

—

约1888年7月13日 | No.509

并不是所有人都有我这种耐心，忍着被蚊子生吞活剥的烦恼，与反复任性的密斯托拉风搏斗，还有整天都待在室外，仅靠一点面包和牛奶支撑——因为我走得太远，没法老回镇子。

我不止一次提到过卡马格[34]和克劳——除去色彩不一样，空气清新程度不同——让我想起凡·雷斯达尔时代的荷兰。我觉得看了我提到的两幅习作，也就是从高处看到的覆盖着葡萄藤和麦茬的平坦乡野，你会明白我说的。

对我而言，广袤的平原有一种强烈的吸引力。的确，

34　卡马格（The Camargue），位于法国境内，属阿尔勒地区，在地中海和罗讷河三角洲之间。

No.509
※ 蒙马儒的岩石
The Rock of Mont Majour

vincent
La Crau
Vue prise à Mont major

No.509　No.B10
※　从蒙马儒看到的克劳风景
La Crau Seen from Mont Majour

我从未感到厌倦，尽管环境有时让人心烦意乱，密斯托拉风和蚊子。

如果一种景色能让你忘却这些烦恼，那么这景色一定有其绝妙之处。然而，你会看到，并不会有什么特殊的效果：在技法上，乍看上去就像是在画地图或战略图。事实上，我当时在跟一个画家外出散步，他说："这里景色真无聊啊。"可是我去过蒙马儒不下五十次，就是为了这些平坦的景色，是我有问题吗？我还跟一个不是画家的人去过那里，我对他说："看啊，我觉得这里像大海一样美，一样无限。"这个熟悉海的人对我说："对我来说，我喜欢这里胜过海洋，因为这里无边无际，而恰恰又能让你察觉到有生命栖息于此。"

要是没有这恼人的风，我就能画一幅了不起的画。每当支起画架的时候，就是这般令人沮丧的情形。这就是为什么我的油画习作画得不像我的素描一样精致，因为画布总是在晃动。

—

1888年7月15日，伯纳德 | No. B10

我最近画了一些大的钢笔画。有两幅是这样的：其中一幅是从山顶鸟瞰一大片平坦的乡野，有葡萄园和收割的麦田。这一切都无限地重复着，像海面的水波一样，跃过克劳的小山丘，延伸到地平线。看起来不像日本，却是我画过的最日本风的东西；一个微型的农夫身影，一辆正从麦田穿过的小火车——这就是画中仅有的活物了。

你瞧，我刚到那儿的那几天，跟一个画家朋友聊天，他说："这景色真是无聊透顶。"我没说什么，但是我觉得这景色格外壮观，甚至都没有心思好好教训一下那蠢货。我又回去那里好几次，并且画了两幅素描——平坦的乡村，一无所有，只有无限……永恒……之后，在我作画的时候，有个男孩过来，不是什么画家，而是一个士兵，我问他："我觉得这里像海一样美，你觉得这很奇怪吗？"这次，我碰到了懂海的人。"不，"他回答，"你觉得这里像海一样美并不让我惊讶；但我个人认为这里比海更美，因为这里有生命栖居。"哪一个观察者更像艺术家呢，第一个还是第二个？画家还是士兵？就我个人来说，我更喜欢士兵的眼睛，你说是不是？

—

约1888年7月19日 | No. 512

非常感激你的来信，来得正是时候，因为我被太阳和完成大幅油画的压力折磨得快筋疲力尽了，你的信给我带来了很多快乐。我画了一幅新的素描，是繁花盛开的花园，也以此画了两幅油画习作。从这幅素描上，你可以看出我的新作题材：一幅竖幅，一幅横幅，都是同一个题材，30号画布。我确定我之前的画里也有过这个题材。事实上，我现在完全不知道是不是应该在冷静平和的状态下绘画，因为我觉得这种状态总是一阵一阵的。

—

Je dois t'envoyer une nouvelle commande
de toiles et de couleurs assez importante
Seulement elle n'est point pressée
Ce qu'à la rigueur serait pressé serait plutôt
la toile vu que j'ai un tas ~~de~~ de chassis
dont j'ai détaché les études et où entre temps
je dois remettre d'autres toiles.

ciel bleu vert maisons
blanches à tuile rouges cyprès noir
laurier rose et figuier
tournesols

bande blanc et jaune citron
bande violette
bande Orangé et vert
bleu et vert jaune

à gauche fleurs rouges à droite
vigne.

No.512

约1888年7月22日 | No.513

我画过的画布怎么样也要比空白的画布值钱吧。敬爱的上帝啊，画画的权利，画画的理由，是我仅有的东西 相信我吧，我的自命不凡早已不在了。

看看我为此付出了什么：一副破旧不堪的躯体和神魂颠倒的心智，这是我所能过上的最好的生活，也是由于我的博爱而不得不过的生活。我的注意力越来越集中，我的笔触也越来越确定。我几乎敢向你保证我的画会越来越好，因为这是我仅有的。

—

1888年7月31日，妹妹 | No.W5

我画了一幅一米宽的画，关于花园的。前景是罂粟和一片蓝铃花。然后是一片橙黄相间的金盏花，再往后是白黄相间的花，在背景处有石竹和丁香、蓝盆花、深紫和红色相间的天竺葵、向日葵、一棵无花果树、一棵粉色月桂树和葡萄藤。最深处是深色柏树，衬在橙色屋顶的白房子前——还有一条优雅的泛着绿意的蓝色天空。当然，没有一朵花是精细画出来的，我只是把颜料轻轻点到画布上，红、黄、橙、绿、蓝、紫，但是这些色彩在画布上给人的印象如同在自然中。可是我猜你会觉得很失望，看上去有点丑。但是你看这个主题，非常夏天。

科尔叔叔[35] 见过几次我的画，觉得它们很可怕。

我现在在画一个邮递员的肖像，他穿着深蓝色和黄色制服，像苏格拉底那样的头部，几乎没有鼻子，前额很高，秃头顶，灰色的小眼睛，深色的饱满脸颊，花白的胡子，大耳朵。这个人是个出名的共和派和社会主义者，很健谈，也很博学。他的太太今天生下一个男孩，所以他觉得自己站在世界之巅，满足之情溢于言表。我确实该多画些这样

的画，而不是花，但是人可以兼顾彼此，我更愿意接受任何现有的机会。

希望我今天能画一下这个初到人世的婴儿。我还画了一幅没有花的花园——刚修剪过的绿色草地，干草散落成一排。还有垂下的白蜡树，一些雪松和柏树；雪松是有些泛黄的球形，高高的柏树是蓝绿色。远处是夹竹桃和一角有些发绿的蓝色天空。草地上是树丛的蓝色阴影。

还有一幅佐阿夫兵的半身像，士兵的蓝色制服有红黄两色的贴边，天蓝色绶带，血红色帽子和红色穗带。暴晒过的皮肤，剪得短短的头发——橙色和绿色眼睛像猫一样斜睨着——小脑袋长在公牛一样的颈上。背景是深绿的门，墙上露出一些橙色的砖和白色石灰。

—

1888年8月6日 | No.518

今晚煤气灯点亮后，我可能就要开始画我住的这个咖啡馆内部了。

在这里被称作"夜间咖啡馆"（这种咖啡馆在这个地区很普遍），通宵营业。那些"夜行客"没有钱投宿或者醉得太厉害而被拒绝的时候，可以在这儿挨一晚。对我们这样的人来说，所有这些——家庭、故乡——或许在幻想中比在现实中更有吸引力，我们在现实中没有家庭和故乡，也过得不错。我总觉得自己像个旅行者，要去向某地，朝着某个终点。若我能感知到这个地方，这个现实中不存在的终点，那么对我来说似乎更加合理，也更真实。

—

1888年8月8日 | No.519

这个竖幅的农舍花园，我觉得是这三幅[素描]里面最好的。

35　科尔叔叔（Cornelis Marinus van Gogh，1826—1908），梵高的叔叔，在阿姆斯特丹从事艺术品交易。

No.518 拉马丁广场的夜间咖啡馆 Night Cafe in the Place Lamartine

另一幅有向日葵的是某个公共浴室的小花园，最后这幅横幅的花园，我也以此画了些油画。蓝天下，橙色、黄色和红色的花斑驳可爱、熠熠生辉，清新的空气中流动着比北方更愉快温暖的东西。

[播种者和其他的素描]是我以油画为基础画的。我觉得这些主意都挺好的，但油画难以有细致清晰的笔触。这也是我觉得有必要画素描的原因。

这幅竖幅的农舍花园，如果你实地去看，会发现它有着登峰造极的色彩——大丽花是浓艳的深紫色，两排花在一侧是粉色和绿色相间，另一侧则是一抹似乎没有绿叶的橙色。中间是矮生的白色大丽花和一株小石榴树，盛开着惹人注目的橙红色的花，结着黄绿色的果实。灰色的泥土，蓝绿色高挑的"普罗旺斯竹"芦苇，祖母绿的无花果树，蓝色天空，白房子绿窗户，而红屋顶则在早晨的和傍晚的阳光中，完全被掩藏在无花果树和芦苇投射的阴影中。

啊，农家花园高大俊美的红色普罗旺斯玫瑰、葡萄藤，还有他们的无花果树！多么有诗意，还有那明亮到似乎永远照耀着的阳光，不过，花园看起来还是充满了绿意。

—

1888年8月9日 | No. 521

这里并不是所有东西都是鲜亮的。我见过一个牛棚，里面有四头咖啡色的牛和一头同样颜色的小牛犊；牛棚是略带蓝色的白，结着蜘蛛网，牛们干净健壮，一个宽大的绿色帘子挂在门口，隔绝灰尘和苍蝇。还有灰色，委拉斯开兹的灰！

这一切都充满宁静感，这个像牛奶咖啡和烟草棕一样颜色的牛皮，柔软的略带灰蓝色的白墙，绿色的帘子以及在阳光下熠熠生辉的黄绿色外墙，颜色对比鲜明。所以，你知道了吧，这里总是会有我未曾尝试过的景色。

我要去画画了。那天，我还见到一些同样宁静可爱的景物：一个有着咖啡色肌肤的年轻女孩——如果我没记错——银灰色的头发，灰色眼睛，浅粉色图案的紧身胸衣，可以看出她藏在衣服下那小巧紧致的乳房。这女孩站在祖母绿的无花果树下，散发着纯真的乡下女孩气息。

请她在室外为我做模特也不是不可能，还有她妈妈——一个园丁的太太——有泥土一样颜色的皮肤，穿着暗黄色和褪了色的蓝衣服。女孩的咖啡色皮肤比粉红色紧身胸衣的颜色要深一些。她妈妈也非常引人注目：暗黄色和褪色的蓝色身影，完全暴露在阳光下，与一方光彩照人的白色和柠檬色的花形成明显对比。你看，多么像代尔夫特的维米尔[36]的画。法国南部真的很美。

—

约1888年8月13日 | No. 522

现在我们这里没有风，天气美妙又暖和，对我来说，再合适不过了。太阳光，找不到更好的词去描述，反正是黄色——淡硫黄色、淡柠檬金。黄色是如此之美！如果能看一下北方该多好。我最近一直希望你也能看一看，感受一下南部的阳光。说到作品，我画了两幅荒地上的蓟，白色的蓟上覆盖着道路上的微尘。

—

---

36 扬·维米尔（Johannes Vermeer, 1632—1675），荷兰画家，生于代尔夫特，代表作《戴珍珠耳环的少女》。

No.519
※ 向日葵花园
Garden with Sunflowers

No.519 ※

V

No.522
※ 路边的蓟
Thistles by the Roadside

约1888年8月14日 | No.524

目前，我正在画一幅类似的作品：从码头俯看过去的船。两条紫粉色的船，水波碧绿，没有天空，其中一根桅杆是三色的，一个工人推着手推车卸沙子。我还为此画了一幅素描。我早先还在画布上签名，但是很快就不这么做了，因为感觉很荒唐。不过，在一幅海景画上我签了一个浮夸的红色签名，因为那时我想在绿色中间加一点红色。

—

1888年8月 | No.526

我有三幅油画在进行：第一幅画的是三枝大大的花插在绿色的花瓶里，背景明亮，画在15号画布上；第二幅画在25号画布上，也是三枝花，一朵已经结出种子，花瓣下垂，还有一个含苞待放的花蕾，衬在品蓝的背景上；最后一幅是黄色花瓶里的十几朵花和花蕾（30号画布）。最后这幅很明亮，背景也是明亮的，我希望这幅是最好的。我还有另外一幅蒙尘的蓟在创作中，一群白色和黄色的蝴蝶飞舞其间。

—

约1888年8月26日 | No.527

你还记得我们俩一起在德鲁奥酒店看到的那幅特别棒的马奈的画吗？一些粉色的大牡丹和绿叶衬在明亮背景前的那幅？看起来真的娇艳欲滴，但却是用厚实的固体颜料画的，这跟让南[37]一点都不一样。这就是我所说的技巧简化。最近我一直在尝试寻找一种新的绘画技法，不用点画法或者其他，而是更富于变化的笔触。总有一天你会明白我的意思。

37　乔治·让南（Georges Jeannin，1841—1925），法国画家，擅长画花卉静物。

No.524

约1888年8月27日 | No.528

向日葵的画尚在进行中；我还画了一束十四朵的花，以黄绿色为背景，基本上跟之前那幅榲桲果和柠檬的画效果一样，但是尺寸略大——30号画布，不过向日葵[38]画起来更简单了。

—

约1888年8月29日 | No.529

我有好多关于画的想法，如果继续勤勉于肖像画，我大概会发现更多。但现实是，有时候我觉得自己太脆弱了，应付不了一些事情，也会觉得一个人一定要更聪明、更有钱、更年轻，才可以成功。

幸运的是，我的心不再渴望任何丰功伟业，所有我在绘画中想得到的，只是熬过这一生的一种方式。

—

约1888年8月18日，伯纳德 | No.B15

啊！仲夏时，这里的太阳特别好。阳光直直打在头上，要是你，你肯定会疯掉的，这点我毫不怀疑。不过，我都已经疯了，所以干脆很享受。

我正琢磨着用六幅向日葵的画来装饰我的工作室，这个方案是让纯粹或者混色的铬黄从各种背景上迸发出来——从最淡的韦罗内塞绿[39]到品蓝的蓝色——用漆成铅橙色的木条做画框。效果就像哥特式教堂的彩色玻璃那种。

—

1888年9月3日 | No.531

有时，亲爱的弟弟，我深知我想要什么。不论是生活还是绘画，我都可以不需要上帝就做得很好，但是不可或缺的——尽管我身体不好——是比我更伟大的东西，也就是我的生活，是创造的力量。如果一个人在生理上没有足够的这种创造力，这个人就会去努力创造思想，而非孩子，但即便这样，他仍是人类的一部分。

在一幅画里我想表达一些让人温暖的东西，像音乐一样。我想画出带着某种永恒感的男男女女。以前，画家们会用光环来象征这种永恒，现在我们可以试图通过人物自己的光，通过颜色的震颤去表达。通过这种方式构想出的画，绝不会因为背景里有蓝天就变成阿里·谢弗[40]的风格，就如他的《圣奥古斯丁》那样，而是因为谢弗不是一个善于用色的人。

这会更类似于德拉克洛瓦在《狱中的塔索》所成功尝试的那样，同样也反映在好多其他作品中，即对真实人物的表达。的确，肖像画——表现模特思想和灵魂的肖像画——才是我认为最应该去画的。

—

1888年9月8日 | No.533

恰恰因为我之前总在钱的问题上屈从于房东，所以我决定采取一些积极措施。我跟房东说了——他毕竟也不是什么坏人——我跟他说，我付了那么多钱却什么都没得到，所以作为惩罚，我要把他脏兮兮的小酒馆画下来，就当请模特了。结果，他当然非常高兴，我之前画过的那个邮差、那些暂住的夜猫子，还有我，也挺开心，我花了三个晚上画，只在白天睡觉。

我时常觉得，夜晚比白天更生动，更富于色彩。至于把钱要回来的事，我已经通过我的画付了房东钱了。我并

38　见255页此画的稍晚版本。——原注
39　"韦罗内塞绿"是意大利威尼斯画派画家韦罗内塞（1528—1588）首先配制并使用的近似铬绿的颜料。
40　阿里·谢弗（Ary Scheffer, 1795—1858），出生于荷兰的法国浪漫主义画家。——原注

No.533 No.534
※ 夜间咖啡馆
Night Cafe

不在意这些图画是我画过的最丑的。这和《吃土豆的人》差不多丑吧，尽管不一样。

我曾试着用红和绿来诠释人性中令人生畏的激情。这房间的血红和暗黄，还有中间的绿色台球桌，四盏柠檬黄的灯投下橙色和绿色的光。冲突和对比充满了每一处不同的红和绿之间——紫色和蓝色的空荡荡的房间里，昏昏欲睡的懒汉们。又比如，血红和黄中带绿的台球桌就与精致小巧的路易十五绿的柜台、柜台上摆放着的一束粉色鲜花，形成了对比。

在暖炉一样的房间里，站着身穿白色衣服的房东，他从一个角落打量着其他地方，灯光使他看上去变成柠檬黄和亮绿色。

—

1888年9月9日 | No.534

在我的《夜间咖啡馆》里，我尝试去表达这样一种感觉——咖啡馆是一个让人毁灭、发疯、犯罪的地方。我尝试去诠释黑暗的力量，通过一头扎进这地方，通过雅致粉、血红、酒红、路易十五的柔绿和韦罗内塞绿的对比，通过与深深的黄绿和蓝绿的对比——所有充斥在这个暖炉的淡淡的硫黄色。

—

1888年9月17日 | No.537

我买了一面质量不错的镜子，用来画自画像。我需要模特，如果我可以把自己的头像色彩处理好——这不是毫无困难可言的——我就可以把其他人的头像画好，不论男女。我觉得现场画夜景和夜晚的效果特别有意思。这周除了画画、睡觉和吃饭之外，我什么都没做。这意味着十二小时、六小时这种时段，然后再一口气睡十二小时。

—

约1888年9月17日 | No.539

我从未有机会接触过像这里一样令人窒息的美丽风光。每到一处，天幕都是湛蓝的，太阳发出浅黄的光线，如此柔和，如此有魅力，就像维米尔画里的天蓝和黄色。我画不了那么美，但是我也很想随心所欲，忘掉规则。我在印象派中看到欧仁·德拉克洛瓦的重新流行，不过由于他们的阐释存在分歧，几乎到了不可调和的程度，因而印象派不大会创造一个规则让人们遵循。这就是我为什么还认为自己是个印象派，是因为它不宣称任何事，也不需要你承诺任何事，就像和朋友一起，我无须为自己解释。

修拉在做什么？我不敢把寄给你的画给他看，但是那些画着向日葵、小酒馆和花园的，我倒想让他看看。我经常思考他的画法，但完全没有按照他的方式，他是一个有开创性的色彩大师，西涅克[41]也是，不过程度不同；他们所发明的点描技法是个新玩意儿，我的确很喜欢。但是对我来说——诚实地说——我更倾向于退回到我去巴黎之前所尝试的。我不知道在我之前是否有人提起过联想性色彩，但是德拉克洛瓦和蒙蒂塞利就已实践过，尽管他们没说。

密斯托拉风吹来的时候，这里毫无快乐可言，因为密斯托拉风，人们的神经都绷得紧紧的。但是多么奇特，如果有一天宁静无风，就像换了一个地方。色彩是那么强烈，空气是那么纯净，连宁静都充满活力。

—

41　保罗·西涅克（Paul Signac, 1863—1935），法国新印象派画家，主要画风景和海景，常使用点描派技法作画。

约1888年9月27日 | No. 541

从早晨七点我就坐在一些普通的景物前——一丛草地上修剪成球形的雪松和柏树。我给你寄过一幅花园的画，所以你已经熟悉那些树了。并且，我还附上了一幅按油画画的素描，油画也是30号画布。绿色的树丛，混杂着一些青铜色和其他色调。草地非常非常绿，带柠檬色的韦罗内塞绿，天空非常非常蓝。背景是一排疯长的夹竹桃——这些倒霉的植物开的花，都快多到要让它们得运动失调症了。满树的花或新鲜或颓败，叶子也不断地更新成无穷无尽、生机勃勃的新芽。一株全黑、肃穆的柏树，从夹竹桃上伸出来，粉红色的小路上不时有些彩色的小人儿漫步。

1888年9月24日 | No. 542

我开始对当地女性的美有了新的认识，一次又一次地让我想到蒙蒂塞利。色彩在当地女人的美中起到了不容小觑的作用；并不是说她们身材不够曼妙，但这并非她们最吸引人的地方。

她们的魅力体现在衣着的整体外观——多彩而有品位——以及她们肌肤的色调上，而不是身材。但是要把我现在对她们的美的认识捕捉到，并不是很容易。不过，我相信只要我继续留在这里，就能有更多进展。要画一幅真正的南方画，单有一定技艺是不够的，只有长时间的观察，才能让人有更深层的理解。

No.541

239

我从未想过离开巴黎居然会让我如此真切地体会到蒙蒂塞利和德拉克洛瓦。直到现在，月复一月之后，我才开始意识到他们的画并不是一种幻想。我想明年你会看到同样的题材，果园、丰收，但是会用不同的色彩，最重要的是，也会用新的方式。

—

1888年9月24日，妹妹 | No. W7

我特别喜欢晚上去实地画画。过去的人们总是先画素描，隔天再去画油画。而我觉得直接画更适合我。当然了，在黑暗中我的确会把绿色误认为是蓝色，把紫粉色误以为紫蓝色，因为在晚上辨认颜料的真实颜色不太容易。但这是摆脱传统绘画对夜晚的表达的唯一方式，也就是那种次要、暗淡、苍白的光线表达，毕竟，烛光本身会产生最丰富的黄色和橙色。

我变得越丑、越老、越病态、越穷，就越想用安排巧妙、生动明艳的色彩来报复这一切。

在学会恰到好处地摆放宝石之前，珠宝商也看起来又老又丑。与摆放珠宝或者设计服装的方式类似，绘画中色彩的排列可以形成对比，这会使不同色彩有活力又突出彼此。

—

1888年10月3日 | No. 544

我刚画的葡萄藤是绿色和紫色的，一串串黄紫相间的葡萄，黑色和橙色的嫩芽。地平线上是一些灰蓝色的柳树，远处是低矮的房子和红色屋顶，更远处是小镇淡紫色的轮廓。葡萄园中有一些摘葡萄的小小人影，拿着红伞的女人们和其他的人，还有他们的马车。再往上，是蓝天和前景的灰色沙地。球形树丛和夹竹桃把果园像吊饰一样围起来。日复一日，依旧是一派欣欣向荣的景象。当叶子开始凋零——我不知道这里的树叶是否跟家乡一样在11月初就开始凋落——在蓝色天空的映衬下，满树的

No.544 ※ 绿色的葡萄园 The Green Vineyard

黄叶绝对会格外动人。

—

约1888年10月22日 | No.551

我还有一幅30号的油画，主题是秋季果园——两棵像玻璃瓶一样绿、形状也和瓶子一样的柏树，三棵有橙色叶子的烟草棕色的栗树。一株小的紫杉树，长着淡柠檬色的叶子和蓝紫色的树干，两个树丛，长着血红色和紫色偏猩红的叶子。一块沙地，一块草地，一块蓝天。

我对自己发誓不要工作了，但是每天都是这样——时不时会碰到什么特别美的东西，让我不得不想试着留住它们。叶子开始掉了，眼看着树开始转黄——逐日增多的黄。至少跟正在开花的果园一样美。

—

1888年10月，伯纳德 | No.B20

我正在画一大幅峡谷的油画，非常像你给我的那幅黄色

的树；两座特别坚硬的巨石中间，流淌着一条细长的小溪，另一座山紧挨着峡谷。这类的主题免不了有种忧郁的感觉，同时，在野外画画也是一种很享受的工作，要注意的是画架一定要插到石头里，这样风才不会把什么都吹翻。

—

1888年10月13日 | No.552

我刚画完这幅停在小旅店院子里的红绿相间的马车，我想知道你的看法。这幅速写会让你了解构图：简单的灰色沙地为前景，背景也很简单，粉色和黄色相间的墙上嵌着绿色的百叶窗和一块蓝天。两辆马车色彩鲜艳，红绿相间，轮子则是混杂了黄、黑、蓝和橙色。还是30号画布。马车按蒙蒂塞利的方式来画，用颜料厚涂。你之前有一幅莫奈的海滩上的四色船只。是的，我画的是马车，但是构图相同。

想象一棵巨大的蓝绿色冷杉树，水平的枝丫几乎贴到翠绿的草地上，沙地上光影斑驳。远处黑色枝丫下橙色的

No.552

No.552

243

天竺葵花圃，让这幅简单的素描显得生机盎然，巨树阴影下有一对恋人，画在30号画布上。

另外两幅30号的画：川归泰利桥和另一座桥，架在铁路通过的道路上。

配色方面，这幅油画有点博斯波姆[42]的风格。川归泰利桥的那幅，有台阶的那个，是我在一个灰蒙蒙的上午画的：沥青路是灰色的，天空是淡蓝的，一些小的彩色人物，一棵长着黄叶子的病恹恹的树。所以这两幅画是灰色破调和两种明亮色彩。

—

1888年10月16日 | No.554

终于可以给你寄一幅小的素描了，至少能让你了解我现在的进展方向，因为今天我已经重新回到以前那种风格了。我的眼睛依旧疲倦，但是一个新想法忽然出现在脑海，于是就有了这幅素描。还是30号画布。这次仅仅是画我的卧室，但是色彩一定是重中之重，通过简化和营造一种休息和睡眠的氛围，让色彩赋予物体更超乎寻常的格调。事实上，看到这幅画，就会有一种想让思想或想象力休息的感觉。

淡紫色墙面和红色瓷砖地面，木床和椅子是清新的淡黄色，床单和枕头则是很浅的柠檬绿。猩红色床罩，绿窗

户，橙色盥洗台和蓝色水槽。门是紫丁香色。

就这么多——除了紧闭的百叶窗之外再无他物。稳固的家具也合传达出一种不可动摇的憩息之意。墙上挂着肖像画和一面镜子、一条毛巾和几件衣服。边框——由于画中没有白色——应该用白色。这算是对强迫我休息的一种报复吧。我明天会再花一天画这幅画，但是你看这个想法很简单吧。阴影和投影要去掉，用日本印刷画的平淡朴实色调去上色。

这会跟塔拉斯孔的长途马车和夜间咖啡馆形成鲜明对比。

—

1888年10月17日，高更 | No.B22

我又画了一幅卧室的30号画作为装饰，画中有你见过的白木家具。我格外享受画这些朴素的内饰，其简洁程度足以比得上修拉：色调平淡，用粗糙的笔触刷上厚厚的颜料，浅紫色的墙，褪色不均的红色地板，铬黄色椅子和床，很浅的柠檬绿枕头和床单，血红色的床罩，橙色盥洗台、蓝色的水槽，还有绿窗户。你看，我就是想通过这些迥异的色彩去传达一种绝对的休息意识，除了镜子上一点白色印记和镜子的黑框之外（作为第四组互补色），完全没有白色。

---

42 约翰内斯·博斯波姆（Johannes Bosboom，1817—1891），荷兰画家。

No.554

No.556

1888年10月17日 | No.555

这幅卧室有些像《巴黎小说》[43]里那个黄、粉和绿色的封面，不知你是否记得，但是手法更有力也更简洁。没有点描、线描，什么都没有——只有和谐一致的平淡色彩。

—

1888年10月 | No.556

这是我上一幅油画的草图，一排绿色柏树在粉色的天空下，一轮淡柠檬色的新月悬在天空。前景是荒野、沙地和几株蓟，一对恋人，男人身穿淡蓝色上衣，戴一顶黄色帽子，女子身穿粉色紧身胸衣和黑色裙子。

—

1888年10月7日，伯纳德 | No.B19

有天晚上我刚到夜间咖啡馆时，碰到一些人，其中有一个皮条客和一个妓女，他们吵过架后，正在和好。男人围着她赔礼道歉，女人则假装傲慢，不为所动。我正在凭记忆去画这幅画，用4号或6号画布。

43 《巴黎小说》是梵高于1887年创作的一幅静物油画。

我毫不留情地把那幅大的油画毁掉了——耶稣与天使在客西马尼园[44]——还有另一幅是根据一首诗画的星空，尽管色彩尚可，但是形状不满意，因为我并没有事先研究模特的形体，而这又几乎是必需的。要是你不喜欢我这次寄给你的画，就试着多看一会儿吧。在发狂的密斯托拉风中画画是件极端困难的事（同时也在画那幅红绿相间的画）。好吧，即使画得不如《老磨坊》那么流畅，但也至少更微妙、更亲密。你会发现，无论从哪个方面讲，这都不能算是印象派；不过这不重要，我画的是让我沉浸其中的自然景色，不做多想。如果你更偏爱这组里面的另一幅画，不喜欢这幅卸沙子的，那就把上面的献词抹掉，看看别人要不要。但我真的觉得如果你花点时间看看那幅卸沙子的画，就会喜欢上它。

没有模特，我就没法工作。不可否认的是，在将习作对象转为正式作品时，在调色、放大和简化的过程中，我并不在乎真实的绘画对象，但是我担心这会使我偏离绘画对象或可能或真实的形式。也许再经过十年的练习，我就有能力不靠模特或者实景画画了，但是说真的，我对可能或真实的存在，感到非常好奇，所以我并不是太渴望或者有勇气去为这个可能源自我那些抽象练习的理想去努力。其他人对待抽象地绘画或许比我头脑清晰，你一定也是这样的，高更也是……也许等我老了，也会这样吧。与此同时，自然仍然是我的源泉，我夸张甚至改变原本的题材。尽管如此，我没有编造整个画面——正相反，我发现的是自然中已有但是尚未被展开的事物。

—

约1888年11月6日 | No.559

这里当然也是冬天，但时不时地，天气也会比较好。不过，我发现靠想象画画并没有什么不好的，至少可以让我待在室内。在暖烘烘的炉火前，画画对我没什么影响，但是你知道的，我无法忍受寒冷。我把那张尼厄嫩的花园搞砸了，我觉得靠想象力画画需要练习。我画了邮差一家人的肖像，我之前画过这个邮差的头像——画了丈夫、妻子、宝宝、小男孩，还有十六岁的儿子，他们都很有特点，也很法国，尽管他们在画里看上去有点像俄罗斯人。都画在15号画布上。

我觉得你会喜欢我画的飘零的落叶。淡紫色的杨树树干在长叶子的地方从画面中断开了。树干像两排柱子沿着林荫道两侧延伸下去，古老的紫罗兰色罗马式坟冢分布左右两排。地面覆盖着厚厚的橙绿相间的落叶织成的毯子。像雪花一样，落叶在不断落下。大街上有些恋人们小小的黑色身影。画的上部是一片很绿的草地，几乎没有天空。

第二幅画是同一条街道，但是画的人物是一个老头儿和一个胖成球的女人。

如果你周日来这儿，就会看到红色的葡萄园——如同红酒一样的红。远远看去就变成黄色、绿色的天空和太阳，雨后的田地是紫罗兰色的，落日的反射让田野闪烁着零星的黄色光芒。

—

11月下旬，阿尔勒，妹妹 | No.W9

我开始画记忆中的埃滕的花园，打算挂在我的卧室——就是信里的素描。油画尺寸非常大。我用了这些色彩：两个在外面散步的女人，年轻的那个身披绿橙相间的格子披肩，手拿红色阳伞；年长的女人披着紫蓝色披肩，整体近于黑色，但是一束大丽花让这个灰暗的人物身上有了种色彩爆炸的效果，有些大丽花是柠檬黄色，其他的则是粉色和白色的混色。她们身后是祖母绿的雪松树和柏树丛，柏树后面是一块浅绿色和红色相间的甘蓝地，被一圈白花围起来。沙

44　客西马尼园（Gethsemane），《新约》中耶路撒冷以东橄榄山脚下的一座花园，是耶稣被出卖的地方，用来比喻蒙难地。

子小径是橙色的，猩红色的天竺葵花圃里的叶子娇艳欲滴，地中间有一个穿蓝衣的女仆，正在打理开满了各色花的植物，白色、粉色、黄色和朱红色。是的，我知道这不太真实，但是对我来说，这就是花园展示给我的诗意和格调。

想象那两个外出的女人是你和妈妈——即使这与事实并无相似之处，但是就连最粗略不实的地方，精心挑选的色彩以及有着明亮柠檬色斑点的灰紫色大丽花，都象征了妈妈的个性。年轻女人身上的橙绿相间的棋格图案，在沉闷的柏树前格外鲜艳，红色阳伞又加强了这种对比，这个形象让我把你假想为狄更斯小说里的一个人物，很典型的那种。

我还画了一个读小说的人，她的头发黝黑浓密，围着绿色披肩，露出紫红色衣袖和黑色裙子。背景完全是黄色的，书架上摆着一排排的书，她手中则捧着一本黄色封面的书。

—

约1888年11月23日 | No.563

有一天，高更跟我说他见过一幅克劳德·莫奈画的插在日本花瓶里的大向日葵，但是他更喜欢我的。虽然我不同意他的看法，但我觉得我确实在进步。

加果四十岁的时候，我能画出来高更说的那种向日葵，那就能在艺术界有一席之地了。所以，要坚持不懈地画画。同时我也可以跟你说，我新画的两幅作品非常奇怪。30号画布上画的是一个灯芯草坐垫的木质椅子，全黄色的椅子放在红色的地板瓷砖上，墙为背景（在白天）。

高更的椅子是晚上画的，椅子红绿相间，墙和地板也是，椅子上放着两本小说和一支蜡烛。画用厚涂法画在厚篷帆布上。

—

1888年12月23日 | No.565

我觉得高更已经非常沮丧了，对美好的阿尔勒镇，对我们的黄色小房子，尤其是对我。事实上，我觉得我们之间还有一些很严重的问题，需要我们两人去克服。但是这些问题在于我们个人，不涉及其他。

No.W9
读书者
La liseuse

Voici maintenant pour la couleur. Des deux
promeneuses la plus jeune porte un châle écossais
carrelé vert et orangé et un parasol rouge.
La vieille a un châle violet bleu presque noir
Mais un bouquet de dahlias jaune citron
les unes panachées roses et blanches les autres rient
éclater sur cette figure si sombre
Derrière elles quelques buissons de cèdre ou de cyprès
d'un vert émeraude. Derrière ces cyprès on
entrevoit un parterre de choux vert pâles et
rouges bordé d'une rangée de fleurettes blanches
Le sentier est orangé cru la verdure
de deux parterres de geraniums écarlates
est très verte. Enfin au deuxième plan
se trouve une servante vêtue de bleu qui
arrange des plantes à profusion de fleurs
blanches roses jaunes et rouges vermillon.
Voilà je sais que cela n'est peutêtre
guère ressemblant mais pour moi cela
me rend le caractère poétique et le
style du jardin tel que je les sens

VI
1889

梵高从割耳自残事件中很快恢复，并且于1889年1月出院，但是他的邻居们在2月递交了一份监禁他的请愿书。尽管遭受这些挫折，他依旧坚持画画，创作了几幅夏季的向日葵和一些静物油画。同年4月，提奥结婚，梵高由于病情反复发作，并未出席，稍后他决定搬去圣雷米[1]附近的修道院，作为病人住进了莫索尔的圣保罗修道院。

在圣雷米，他的画从阿尔勒时期光芒四射的黄色转变为稍暗一些的褐色系。与此同时，他的笔触更加富有活力，开始展现出梵高作品那种独有的冲击力。

梵高在修道院及附近的乡村发现了很多创作素材。尽管跟一些精神真有问题的病人在一起生活，让他压力很大，而且7月的时候他的病又发作了一次，但这段时间中，梵高却画出了他平生最著名的一些作品，包括《星空》和他那些充满生机的柏树、麦田及橄榄园。

那年秋天，他满怀憧憬地开始创作一系列画，主要是模仿米勒、德拉克洛瓦和伦勃朗的作品。这些对他的艺术偶像的临摹作品，蕴含了强烈的诠释元素，使这些画成为极有原创性的艺术品。事实上，梵高自己把这些画称为"翻译作品"。9月，他的作品在巴黎一个集体展览中展出，得到评论界和艺术家的好评。

虽然这些迹象令人心生希望，他也多次叫提奥不要担心，但实际上，梵高却一直沉浸在消极思想和对北方的怀念中。他仍然像"着了魔"一样画画，据提奥的说法，梵高在11月末的时候又遭受了一次疾病打击。

1　圣雷米（Saint-Rémy），法国罗讷河口的一个市镇，位于普罗旺斯－阿尔卑斯－蓝色海岸大区。

1889年1月1日 | No.566

到了外面，我就又可以正常画画，很快，天气就会好起来了，我就又可以画繁花盛开的果园了。

—

1889年1月17日] No.571

我开始继续画画了，已经在工作室画了三幅习作，另有一幅是雷伊医生[1]的肖像画，我送给他做纪念了。

—

1889年1月 | No.571A

目前我手上，或者说我的画架上，有一幅女人肖像。我称之为La Berceuse，或者就像我之前让你读的凡·伊登书里描述的，荷兰语里的Ons Wiegelied或者Wiegster（摇篮曲或者摇篮）。这个女人通身绿色（橄榄绿的上半身和淡铬绿的裙子），一头橙色头发扎成辫子。我用铬黄色来画她的脸，当然了，也夹杂了一点别的颜色，这样她的脸看起来更自然。握着绳子、晃着摇篮的手也是同样的色彩。

背景底部是朱红色的（简单地代表瓷砖或者石板的地板），墙上贴的墙纸也和其他颜色协调了一下，蓝绿色的墙纸上有粉红色大丽花，花瓣上散布着橙色和群青色斑点。

—

1889年1月23日 | No.573

在我画画的过程中，不是只有坏运气，而是好运气和坏运气并存。比如说，也许蒙蒂塞利的花卉画对收藏者来说值500法郎，当然这确实值这么多钱，但我要是对某个苏格兰人或美国人说我的向日葵也值500法郎，那会是一件很冒险的事。熔化这些金色和花卉色彩的颜料需要足够的热量，这不是随便什么人都能做的事情，需要全身心地投入精力和专注力。生病后，我浏览自己的画时，发现最好的画是画卧室的那幅。

—

1889年1月28日 | No.574

你之前来看望我的时候，一定注意到高更房间里那两幅30号的向日葵油画。我刚刚给那两幅画的复制品做了最后的润色。

这里还是冬天，让我继续画画吧。如果这只是一个疯子的作品，那可真糟糕。我也没法子。

—

约1889年4月10日，西涅克 | No.583B

我现在身体很好，在探索修道院和附近的风景。事实上，我刚画了两幅果园回来。这是其中一幅画的速写——大的

1　菲利克斯·雷伊（Félix Rey），曾在梵高割耳后照顾他。——原注

No.573 No.574
※ 向日葵
Sunflowers

No.583
※ 开花的果园，阿尔勒的风景
Orchards in Blossom, View of Arles

那幅素描不太好，画的是绿色的乡村和一些小农舍，一线蓝色的阿尔卑斯山脉和蓝白相间的天空。前景是芦苇栅栏围起来的田地，地里长着一些开花的小桃树——所有的景物都很小，花园、田地、果园、树甚至山脉，就像在某些日本风景画里一样，这也是为什么这个主题如此吸引我的原因。另一幅风景画则几乎全都是绿色，只有一点淡紫色和灰色——是一个雨天。

—

1889年4月28日 | No. 587

你应该看看此时的橄榄树！叶子的古银色和泛绿的银色映衬在蓝色上。犁过的泥土是橙色的。这种幽雅独特的感觉，和我们在北方时想象的样子非常不同。就像荷兰的草地上修剪过的柳树，或者沙丘上的橡树丛或橄榄树丛，叶子渐渐索索的声响，有种幽秘而古老的感觉。这种动人心魄的美让我不敢动笔，甚至不敢去想象。寓意爱情的夹竹桃，美丽如同皮维·德·夏尔纳[2]笔下的莱斯博斯岛[3]，女人身影在海岸边流连。但是橄榄树不同，如果要跟什么比的话，那就是德拉克洛瓦的画。

—

1889年4月30日，妹妹 | No. W11

我仍在画画，刚画了两幅修道院的画：一幅是住院部。长长的住院部，一排排床和白色的帘子，病人在四处走动。墙和横梁支起的天花板是纯白、带淡紫色或带绿色的白。

四周的窗户上挂着淡绿色的窗帘。地面是红砖铺成的，远处的门上有一个十字架。特别简单。这幅画的姐妹篇，是另一幅内部庭院。这是 个刷成白色的陈列室，有点像阿拉伯建筑中的拱廊。陈列室前面是个古老的花园，中央有一个池塘和八个花圃，其间开着勿忘我、圣诞玫瑰、银莲花、毛莨、桂竹香、雏菊等等。陈列室下面是橘子树和夹竹桃。这幅画充满了盎然的春意。不过画中也有三棵忧伤的黑色树干在庭院中蜿蜒向上，前景是四簇巨大的黑色树丛。当地人估计不会留意到这么多，而为对绘画的艺术感所知甚少的人画画，一直都是我的愿望。

—

1889年5月3日 | No. 590

有时候，我会后悔没有简单地保持荷兰式的灰暗色调，来表现蒙马特最真实的风景。我也想重新用芦苇笔去作画，就像去年蒙马儒的风景画，这样花费不需要太多，但画的吸引力却丝毫不减。今天我画了一幅很暗的素描，对于春天来说，太多忧郁了。不管怎样，不论发生什么，不论我身处何处，画画总是能让我长时间地投入其中，也许还可以为我谋些生计。

—

1889年5月中旬 | No. 591

我一直在考虑工作的必要性，我觉得我很快就可以完全恢复工作能力了。我常常太过沉迷，过分专注，以至于在生

2　皮维 · 德 · 夏尔纳（Pierre Puvis de Chavannes，1824—1898），法国艺术家、壁画家。
3　莱斯博斯岛，希腊东部的一个座屿，位于爱琴海中、土耳其西北部沿岸附近。

No.W11
※ 阿尔勒医院的庭院
The Courtyard of the Hospital at Arles

活的其他方面笨手笨脚。

—

1889年5月22日 | No.592

这是一幅新的30号的画，也很普通，就像一些廉价市场买到的彩色图画一样，印着无边的绿茵和流连其中的恋人。画中有缠绕着常春藤的厚重树干，地面上也爬满了常春藤和长春花，阴凉处有一把石椅和一丛浅色的玫瑰。前景是一些长着白色花萼的植物，有绿，有紫，有粉。至于那些廉价集市和拉手风琴卖艺的摊位出售的彩色图画，它们的问题在于缺少我画里的那种格调。自打来这儿后，我就发现了足够的题材，废弃的花园和园中高大的松树，又高又乱的绿草，还有些杂草散布其间，所以至今我还没

外出过。不过，雷米的乡村风光非常美丽，我会慢慢去探索的。

昨天我画了一只很大的飞蛾，是一种颜色格外优雅的稀有物种，也被称为"死神之首"，有黑色、灰色，略带一丝胭脂红或橄榄绿的白色。飞蛾体形非常大，如果要画它，就意味着我得杀死它。这样美丽的生物，杀死它是一件非常可惜的事。我会寄给你飞蛾和一些植物的素描。

—

约1889年6月9日 | No.594

该告诉你什么新闻呢？没什么大事。我正在画两幅山坡的风景画（30号画布），一幅是从我卧室窗户望出去的乡村景色。前景是被暴风雨夷平的麦田。一道围墙，外面是橄

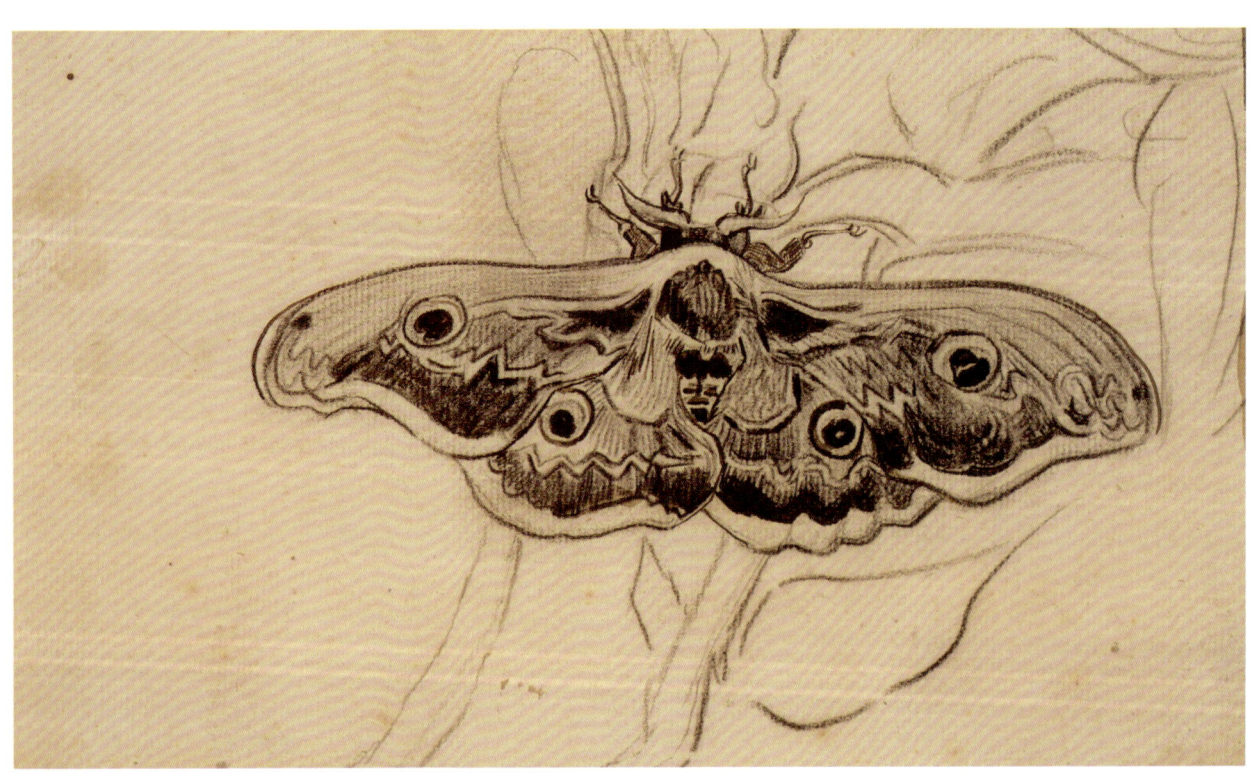

No.592
※ 天蚕蛾
Emperor Moth

No.592
※ 天蚕蛾
Emperor Moth

山上的橄榄树
Olive Tree in the Mountains

圣保罗医院花园的有常青藤的树，圣雷米
Trees with Ivy in the Garden of Saint-Paul's Hospital at Saint Rem

榄树的灰色叶子，一些农舍，还有山丘。画布顶部是一团巨大的白灰相间的云，游弋在蔚蓝色的天空中。这是一幅特别朴素的画——就色彩来说也是如此——可以跟已经损坏的那幅卧室的画相配。如果一幅画表现的内容，在风格上与它的表现方式如此完美和谐，这不正体现了艺术品的本质吗？

—

1889年6月16日，妹妹 ｜ No. W12
我刚完成一幅橄榄园的景物，橄榄树的灰色叶子，有点像柳树叶，紫罗兰色的阴影投射在阳光照耀的沙地上。另一幅是一片被荆棘和绿色灌木包围的黄色麦田，麦田尽头是一所小小的粉红色房子和高挑阴暗的柏树，在远处泛着蓝色又带一点紫色的山丘衬托下，格外醒目。天空的勿忘我蓝中点缀着一道道粉色，这种纯净的色调，和焦黄的麦穗那种深沉温暖如同面包表面一样的色泽，形成了鲜明对比。我还画了另一幅画，是山一侧的麦田，被大暴雨和洪流完全夷为了平地。

—

1889年6月17日或18日 ｜ No. 595
我画了一幅橄榄树的风景和一张星空的新作品。尽管我还没见过高更和伯纳德的最新作品，但我觉得刚提到的这两幅作品会给人相似的感觉。当你观察这些画和常春藤的时候，可能会更好地理解高更、伯纳德和我时常谈论起的那些萦绕我们心头的想法。这不是回归浪漫主义和宗教思维的问题——一点都不是。但是，通过向德拉克洛瓦借鉴——并非流于表面——通过色彩和那种自然流露而不是追求精准的绘画风格，是可能表现出比巴黎远郊或夜间俱乐部更纯洁的乡村自然的。

—

1889年6月25日 ｜ No. 596
有几天天气很好，也很暖和。我开始画更多的画了，30张画布里有12幅正在创作中。两幅柏树，像瓶子一样的暗绿色极其难画——我已经把铅白颜料用厚涂法画好了前景，这种颜料让土地看起来很坚实。

我每天的生活都差不多，所以没什么新鲜事可写。每天在琢磨的，就是麦田或者柏树是否有必要有过多细节，诸如此类的事情。我画了一幅金黄明亮的麦田，也许这是我画过的最鲜艳的油画。柏树仍然占据着我的脑海。我想把它们处理成我画的向日葵那样的风格，因为我很诧异，我眼中的柏树的样子，还从来没有被人画下来过。它们的线条和比例如此之美，像埃及的方尖碑一样。连这绿色都如此与众不同。阳光普照的万物中，柏树的黑色四散溅开，是我能想象到的最引人遐思和最难捕捉的黑色色调。你一定要看看蓝色背景衬托下的柏树，或者应该说，那是生长在蓝色中的柏树。画这里的自然风景，和画其他任何地方一样，一定要花些时间去欣赏。

这两幅柏树的油画中，我觉得素描上的这一幅最好。柏树高大结实，前景是低矮的黑莓和枯枝，后面是蓝紫色的山丘，绿色和粉色相间的天空悬着一轮弯月。前景特意用厚厚的颜料去画——一丛丛的黑莓染着些许黄色、紫罗兰色和绿色。

—

1889年7月2日 ｜ No. 597
今天寄给你我在画的12幅油画的素描稿，这样你就知道我在干什么了。最后这幅画，画的是麦田以及一个渺小的收割者和硕大的太阳，除了围墙和背景的紫罗兰色调的山脉，画面其余部分都是黄色的。另一幅和这幅题材几乎相同，但是色调不同，是灰绿色和白蓝相间的天空。我还画了一幅柏树的油画，有麦穗、罂粟和像苏格兰格子一样明艳的

j'ai un champ de blé très jaune et très clair
peutêtre la toile la plus claire que j'aie faite

Les cyprès me préoccupent toujours je voudrais
en faire une chose comme les toiles des tournesols
parceque cela m'étonne qu'on ne les ait pas
encore fait comme je les vois
C'est beau comme lignes et comme proportions
comme une obélisque égyptienne.
Et le vert est d'une qualité si distinguée
c'est la tâche noire dans un paysage ensoleillé
mais elle est une des notes noires les plus
intéressantes les plus difficiles à taper juste
que je puisse imaginer
Or il faut les voir ici contre le bleu dans le
bleu pour mieux dire
Pour faire la nature ici comme partout il faut
bien y être longtemps.
Ainsi un montchenard ne me donne pas
la note vraie et intime car la lumière
est mystérieuse et Monticelli et Delacroix
sentaient cela. Alors Pissarro en parlait
très bien dans le temps et je suis encore bien loin
de pouvoir faire comme il disait qu'il le faudrait

Tu me feras naturellement plaisir
en m'envoyant les couleurs si c'est
possible bientôt mais fais surtout là
dedans comme tu peux sans que
cela t'éreinte trop.
Ainsi si tu préfères me l'envoyer en
deux fois cela est bon aussi

je crois que des deux toiles de cyprès
celle dont je fais le croquis sera la
meilleure. les arbres y sont très grands
et massifs. l'avant plan très bas des ronces
et broussailles Derrière des collines violettes
un ciel vert et rose avec un croissant de
lune. L'avant plan surtout est très empâté
des touffes de ronces jaune à reflets jaunes
violets verts. je t'en enverrai des
dessins avec deux autres dessins
que j'ai encore faits

No.596

圣保罗医院花园里的
树和灌木，圣雷米
Trees and Shrubs
in the Garden
of Saint-Paul's Hospital
at Saint-Remy

蓝天，天空用厚层色彩涂抹，如同蒙蒂塞利的画一样，而阳光下的麦田和太阳的炙热气息，也是用厚涂法去表达的。

—

1889年7月初 | No.598

从麦子急促的黄色中可以看出太阳的巨大威力，家乡的耕田要优美得多，比这里平坦，这里的土地石头很多，不适合大部分作物生长。但是这里也有赏心悦目的田地，长着橄榄树的土地，橄榄树有像修剪过的柳树一样的颜色，略带银色的灰绿色。蓝色的天空永不令我厌烦。

你还没见过这里的荞麦和油菜，总的来说，没有家乡那么多品种。我特别想画一幅开花时的荞麦田，或者油菜花和亚麻，很有可能以后会去诺曼底[4]和布列塔尼画。在家乡常见的谷仓或农舍上长满苔藓的屋顶，我在这里从未见过。这里也没有橡木林，没有大爪草，也看不到山毛榉树篱，看不到它们红棕色的树叶和发白的老枝纠缠在一起。没有真正的欧石楠，也没有白桦树，这些在尼厄嫩的时候，看起来是多么美丽啊！

但是，南方的美在于葡萄园，它们多在平原或山坡上。我看过这些葡萄园之后，还给提奥寄过一幅画，画的是一片紫色的葡萄园，明亮的红黄相间和绿紫相间的葡萄藤，像是荷兰的五叶爬山虎。葡萄园和麦田一样，令人愉悦。山坡上长满了百里香和其他的芳香植物，特别美，天空格外清澈，所以看起来比家乡的更高远。

—

1889年7月6日 | No.603

等待的时候，我总是要画上几笔。我在画一幅田地上月亮升起来的画，和我给高更的信里说到的是同一片田，但这幅画的地里没有麦子，而是一堆堆的麦垛。暗淡的赭黄和紫色相间。不管怎样，你很快就会看到这幅画。我也在画一幅新的常春藤。

—

1889年9月3或4日 | No.602

昨天，我开始慢慢恢复工作了——画一些我从窗户看到的景物——一片正被犁的麦茬地，犁过的土地呈现出紫罗兰色，和一条条的黄色麦茬之间形成鲜明对比，背景是山丘。

—

1889年9月5或6日 | No.604

眼下我正在画两幅自画像——因为找不到模特——我早就该画一些肖像作品了。一幅肖像是我下床第一天就开始画的，我那时瘦削苍白得像鬼一样。画是很暗的紫蓝色，花白的头部和黄色头发。所以是一幅色彩习作。但是之后我又画了一幅原来那幅四分之三长度的自画像，背景为亮色。同时我也在修改夏天画的画——实际上我每天从早到晚都在工作。

这封信，是我在每次画累时休息的间隙写的。画画很顺利，我还在费力画生病之前开始的那幅画——一个收割者，整幅画都是黄色的，颜料涂得非常厚，但是画的主题非常好，也非常简单。当我看着这个收割者时——他模糊的身影像魔鬼一样在炎热中挣扎，直到任务结束——我在他身上看到了死神的影子，因为从某种意义上来看，人类也如同他正在收割的麦子一样。要是这么看，收割者就是我之前所画的播种者的反面。但在这种死亡中，没有什么是悲伤的，它发生在光天化日之下，所有一切都沐浴在太阳美好的金色光芒中。

4　诺曼底（Normandy），法国北部的一个地区，以"二战"时诺曼底登陆的海滩闻名。

通过围墙看到的山的景色
Mountain Landscape Seen across the Walls

No.602
No.604
※ 麦田里的收割者
Wheatfield with a Reaper

No.603
※ 有常青藤的树干
Tree Trunks with Ivy

收割者终于完成了，我觉得这是一幅你会愿意挂在家里的画——这是大自然这部包罗万象的书里列举出的一个死亡形象——但我寻求的是一种"近乎微笑"的特质。除了紫罗兰色的山丘，其余都是黄色的，苍白的金黄色。我觉得从小房间的铁窗栏间看到这样的景象很奇异。

—

1889年9月7或8日 | No.605

真的，不瞒你说，我现在带着很大的热情去完成吃饭这个任务，因为我有一个强烈的愿望，想要再见见我的朋友，再看看北方的乡村。我的工作进展还不错，一直停滞不前的研究有了新的发现，这让我开始想到德拉克洛瓦说过的——你应该知道——他说，直到牙齿掉光、行将就木的时候，才发现绘画的真谛。

No.604
No.602
※ 麦田里的收割者
Wheatfield with a Reaper

No.605
※ 圣母怜子图
（参照德拉克洛瓦）
Pieta（after Delacroix）

无论如何，请不要担心我，我的工作进展挺顺利，和你聊我要做这做那的时候，我都无法形容自己感受到的那种幸福，比如画麦田等等。我给住院部的护工画了一幅肖像，也给你寄去一幅。这幅肖像和我的自画像形成了奇特的对比，他有双炯炯有神的黑色小眼睛，眼神迷蒙而闪烁，有种军人的气质。我把这幅肖像当作礼物送给他，我还想画他的妻子，如果她愿意的话。因为她看起来没精打采，不太高兴，无足轻重甚至渺小，这让我心中涌起了强烈的愿望，来画这如灰尘覆盖的微草般的女人。我和她交谈了几次，那时我正在画他们小房子后的橄榄树。她告诉我，她不觉得我有病，真的，如果你看到我的画，你肯定也这么想。我头脑清楚，下笔准确，不需要测量就能画出德拉克洛瓦的《圣母怜子图》，而前景中四条胳膊和手的姿势，是很难精准画出来的。

—

1889年9月19日 ｜ No.607

今天寄了一幅自画像给你，你有空看看吧——我希望你能发现，尽管我觉得我的眼神比以前更缥缈了，但我的神情比以前更平静了。还有一张是我生病的时候画的，我觉得你会更喜欢上一幅，在这幅画里我尝试了简单的画法。如果你见到老毕沙罗的话，可以给他看看。非常感谢你寄来的画布和颜料包裹。所以我现在给你寄些画回去。

我个人比较喜欢这幅《采石场入口》，画它的时候，我能感受到它正酝酿着一股冲击力，因为我个人非常喜欢墨绿色搭配赭石色调，其中透着一种忧郁感，是那种好的

忧郁，并不会影响我的情绪。那幅《山》也是这种感觉。人们可能会跟我说，山根本不是那样，山怎么能有手指那么粗的黑色轮廓线。但实际上，我觉得这正表现了罗德[5]的书里描写的意境——他描述的场景让我喜欢的不多，这算一个——黛黑的遥远群山中，忽然闪现出一间看似黑色的小木屋，不时可见一些山羊，木屋周围的向日葵正怒放着。

还有一张点缀着白云的《橄榄树》，背景是群山；还有《月升》和《夜晚习作》，都对构图进行了夸张的处理，线条像扭曲的老树枝一样。橄榄树那张很接近其自然之态，在另外一张作品里，我尝试表现出一天中的某一瞬间，绿色的蔷薇刺金龟和蝉在炎热的空气中飞来飞去的景象。还有其他的一些油画作品，比如《收割者》等等，还没干透。最近天气不好，我应该多画些，必须得多画人物。画人物能教会你简单扼要地表现绘画对象。

总之，我仅仅在下面这些作品里发现些许的可取之处，《麦田》《群山》《果园》、有蓝色小山的《橄榄树》、肖像画，还有《采石场入口》；其他的画没有什么意义，因为线条缺乏个人意识和情绪。当线条被有意地密切排列起来，才成为一幅画，即使画会被夸张。这就是伯纳德和高更所达成的共识——他们不追求树的具体形状，但我们应该知道树是方的还是圆的——我的天哪，他们是对的，但是他们一定会被那些要求如摄影一样高度精确的疯子气死。他们也不会追求山的特定色调，但他们会说："看在上帝的分儿上，山是蓝色的吗？那就把蓝色堆上去，不要告诉我是这样的还是那样的蓝，是蓝色就行了，不是吗？太好了，就画成蓝色，准没错！"

5　罗德（Édouard Rod，1857—1910），法国 - 瑞士小说家。

※ 打谷者（参照米勒）
The Thresher (after Millet)

No.607
※ 收割者（参照米勒）
The Reaper (after Millet)

No.607
※ 捆麦子的人（参照米勒）
The Sheaf, Binder (after Millet)

No.607
※ 捆麦束的农妇（参照米勒）
Peasant Woman Binding Sheaves（after Millet）

1889年9月28日 | No.608

我很快就会给你寄去一些小的油画，有四五幅是我之前想让你带给妈妈和妹妹的。这些画正在风干，用的是10号和12号的画布，画的是我之前的画，但是画幅更小，包括麦田、柏树、橄榄树、收割者和卧室以及一幅自画像。

这对她们来说是一个好的开始吧，让妹妹有一个小的作品集会让你和我都很开心。我应该把我最好的作品画一些小尺幅的送给她们，我也很想让她们有红色的《葡萄园》和《绿色的葡萄园》、粉色的《栗树》和你展出过的《夜晚习作》。

橄榄树极有个性，我在苦苦思索如何将它表现好。它们有时是银色的，有时是蓝色的、微绿的、青铜色的，在靠近土壤的地方逐渐褪成白色，土壤则是从黄、粉、紫、橙到淡赭红色。但这很难，的确非常难画。不过很适合我，完全用金色和银色作画让我很着迷。或许有一天，我会基于个人印象去表达这些色彩，比如向日葵的黄色。要是今年秋天也是这样的景色该多好啊！但这种半自由的状态常常阻碍一个人去做他力所能及的事。你会告诉我要有耐心，耐心确实是必需的。

—

麦田和柏树
Wheatfield and Cypresses

1889年10月5日 | No.609

我想告诉你现在正是美妙绝伦的秋天，我在画很多风景画，也已经画好了一些，包括一棵全部变黄的桑树，长在石头地面上，在蓝天衬托下格外耀眼。

—

约1889年10月8日 | No.610

我刚带回来一幅画了多时的油画，还是《收割者》里画的那一块麦田。现在那儿都是土块，背景是干旱的大地和阿尔卑斯山的石头。一块蓝绿色的天空上飘着小朵的白紫相间的云。前景是一株蓟和一些干枯的草。一个农民在画面中间拖着一捆稻草。再说一下，这是一幅草图，所以这次的画不是完全黄色的，而是全部紫色。深深浅浅的紫色和中性色。我之所以写这些，是因为我觉得这会让《收割者》系列更完整，会让刻画的内容更明晰。因为《收割者》看起来像是偶然为之，但是这幅画会平衡那种印象。只要这幅画干了，我就把它和《卧室》的复制作品一同寄去。我恳请你，如果有人要看这些作品，务必要把这些画一同展示，这是基于它们的互补色对比。

而且，这周我画完了《采石场入口》，这幅画有种日本的感觉，你记得那些日本画里长满草的石头和其间零星分布的小树吧。有时候会看到一些极其优美的自然风光，恢宏的秋色中，绿色天空和黄、橙、绿相间的草地形成对比，土地是各式各样的紫色，枯草夹杂在秋雨后获得最后一丝生机的植物中，这些重获生机的植物又开出小小的紫罗兰色、粉色、蓝色和黄色的花朵。真是让人无法用语言形容而心生忧愁的景色。

这天空就像我们北方的天空，但是日出日落的色彩更

丰富也更纯净。就像居勒·杜普雷和兹姆[6]的画一样。

我还有两幅果园和修道院的画，这地方在画中格外有吸引力。我试着去重建它曾经可能的样子，去简化、去强调松树骄傲不渝的本性和蓝色衬托下的雪松树丛。

我临摹了一幅德蒙特－布雷东夫人[7]的画，一个抱小孩的女人坐在炉火边，几乎全是蓝紫色的。我确实该继续临摹一些画，这会让我有自己的收藏，等到这个系列足够多足够全面，我就把它送给某所学校。

—

约1889年10月20—22日 | No.612

秋日的乡村非常美，黄叶遍地。唯一遗憾的是，这里的葡萄园不够多；我已经开始在画其中一个了，但离这里有几个小时的路。巧的是，那一片大地都是紫红相间，就像家乡的五叶爬山虎一样，紧挨着就是一大片黄色，可再过去一点却依旧是绿色。所有这些都笼罩在深邃的蓝色天空下，远方还有一些淡紫色的岩石。

去年的时候，画这种景色的机会比现在要多。我本想除了现在寄给你的这些，再寄一幅类似的，但是明年再说吧，先欠着你。

从我寄去的自画像上可以看出，尽管我已经去过巴黎、伦敦以及许许多多的大都市，并且在那里生活多年，但我看起来多多少少还是像个津德尔特[8]的农民，就像托恩·普林斯和皮埃特·普林斯兄弟[9]一样。有时候觉得这就是我感觉和思考的方式，只有农民对世界的贡献最多。而其他的人呢，只在有了所有必需品之后，他们才深感有画画、读书之类的必要。所以在我的想象中，我绝对比不上农民。不过，我还是孜孜不倦地在我的画布上耕耘，就像他们在

6　费利克斯·兹姆（Félix Ziem，1821—1911），法国巴比松画派画家。

7　德蒙特－布雷东夫人（Virginie Demont-Breton，1859—1935），法国画家，画家朱尔斯·布雷东的女儿。其夫德蒙特也是画家。

8　津德尔特（Zundert），荷兰北布拉班特省的小镇，梵高的出生地。

9　托恩·普林斯（Toon Prins，1849—1932）、皮埃特·普林斯（Piet Prins，1851—1892），都是津德尔特的农民，曾是梵高的同学。

No.612
※ 一个圣保罗医院的病人
Portrait of a Patient
in Saint-Paul Hospital

自己的土地上耕耘一样。

目前，我正在画这里的一个病人。比较奇怪的是，当你花时间跟他们相处，并且习惯了他们之后，就不再觉得他们是疯子了。

—

约1889年11月2日 | No. 613

你寄来的米勒的画让我非常高兴，我正狂热地研究它们。好久没有见到真正的艺术了，我有些懈怠，但这次的画重新唤醒了我。我画完了《灯下做针线活的女人》，现在正在画《挖掘者》，还有穿夹克的男人，30号画布，还有一小幅《播种者》。《灯下做针线活的女人》是蓝紫色和淡丁香紫的系列色彩，浅柠檬黄的灯光，闪烁的橙色炉火，赭红色的男人。你会看到的。对我来说，临摹米勒的画更像是把它们翻译成另一种语言，而不是模仿。

—

约1889年11月20日，伯纳德 | No. B21

这是一幅油画的草稿，原画现在就在我面前，画的是我所在的修道院花园的景色：右边是一个灰色的庭院和建筑物的墙，一些光秃秃的玫瑰丛；左边是赭红色的花园泥土，土地上覆盖着厚厚的松针，被太阳炙烤着。果园的边缘种着高高的松树，赭红色的树干和枝丫，叶子的绿色因为带了些许黑色而显得黯淡。这些高大的树在黄色的夜空衬托下格外显眼，夜空上隐约可见一条条紫罗兰色，高处的黄色天空变成粉红色，然后变成绿色。赭红色衬托下的围墙把视线封闭起来，只有蓝紫色和赭黄色相间的山从远处张望。第一棵树的巨大树干被雷击过，锯掉了一部分。一侧的枝干咆哮着直冲云霄，却又被茂密的深绿色松针拉回地面。这深色的巨人——若赋予其活生生的个性，它应如同

No.613
※ 夜（参照米勒）
Night（after Millet）

No.B21
※ 圣保罗医院花园
The Garden of Saint-Paul Hospital

骄傲却又备受摧残的生灵——和它前面枯萎的玫瑰丛最后一抹苍白的微笑形成巨大反差。树下是荒凉的石头长凳、阴暗的箱子和雨后倒映着黄色夜空的小水洼。一道阳光，白天的最后一丝微光，让灰暗的赭黄色几乎变成了橙色。人们渺小的身影在树下徘徊。

你会理解赭红、因灰色而黯然的绿色和轮廓的黑色线条组合在一起——所有这些营造出一种"黑红色"的剧痛感，这种感觉就像我的朋友们的不幸遭遇。而且，这被闪电击中的宏伟树干和秋日最后一朵病恹恹的绿粉色花的微笑，也印证了这个想法。

另一幅画表现的是刚长出新苗的麦田上的日出：田间的沟线在画布上向上延伸，渐渐消失在围墙和淡紫色的远山下。田地是紫罗兰色和黄绿色相间。巨大的黄色光晕围绕在白色的太阳周围。与另一幅相比较，我想在这幅画中表现一种宁静平和的感觉。

—

约1889年11月21日 | No.615

这几天每当天气晴好的时候，即便有些冷，我白天和晚上也都会到果园里溜达，画那些30号的油画，这些画连同寄给你的那些橄榄树的画，算是对这个问题的攻克吧。多变的橄榄树，如同家乡的柳树和北方那些去顶的树。你知道，尽管单调，但柳树看起来非常有画面感，赋予了乡村风景一种性格。橄榄树和柏树之于此地，正如柳树之于家乡。与它们更抽象的特质相比，我做的更多是艰难且粗糙的写实，但这能表现出那种乡村色调和地域感。

—

约1889年11月15日 | No.617

乡村的秋色无比美丽。我正忙着画这样一幅画——采橄榄的女人，我觉得这个名字挺合适。色彩是这样的：近处的土地是淡紫色，远处的则是赭黄色，橄榄树有着古铜色的

树皮和灰绿色的叶子，天空全是粉色，画中三个小小的人物也是粉色。整个画面的用色非常素净。这幅油画是依照记忆和相同尺寸的写生草稿创作的，因为我想寻找一种遥远的感觉，就像经过时间冲洗的模糊记忆。画面只有粉色和绿色两种主调，彼此和谐，彼此中和，又构成一种对比。我将会画两到三幅这样的作品，算是那些橄榄树题材研习的成果。

尽管正吹着密斯托拉风，我还是会去室外画一阵子。落日时分，风会平息一点，而这时通常会有不同寻常的效果，天空是淡淡的柠檬色，松树高大荒凉的剪影映衬其中，如同制作精美的黑色蕾丝花边。有时候天空是红色，有时候是极为精细的中性色调，或者是淡淡的柠檬色，但是杂糅了一点雅致的淡紫色。

—

约1889年12月10日，妹妹 | No.W16

乡下的秋季风光非常美丽，我有十二幅大幅油画正在创作中，主要是关于橄榄园，其中一幅的天空是全粉色，另一幅是绿色橙色相间的天空，第三幅有黄色的大太阳。还有一幅是一些残断的高大松树，之上是落日和红色的天空。

写信的时候，我正站起来准备往画布上添上几笔，就是那幅残断的松树与红、橘红、黄色相间的天空。昨天，它的颜色非常新鲜，色调纯净明亮。不过，我写信的时候，鬼使神差地瞄了眼画布，忽然有个念头冒了上来，我觉得这颜色有些不对头。所以我用了调色板上现成的颜色，掺了一点绿色和胭脂红的白色，也没什么光泽，然后把天空涂满了这种绿色调的颜料，从远处看，这样打破了原有的色调，画面变得柔和了。不过，现在看起来脏兮兮的，就像有人故意弄脏一样。这不正像是不幸和疾病之于我们吗？与其靠着我们模糊的想法和对幸福的渴望，去追求平静、健康的生活，难道遵循伟大的命运安排不是更好吗？我不得而知。

落日时红色天空下的松树
Pine Trees against a Red Sky with Setting Sun

No.615
※ 山坡上的橄榄树
Olive Trees on a Hillside

橄榄林
Olive Grove

VII
1890

尽管1889年的12月及次年1月，梵高遭受了许多严重的打击（那时他已被诊断为癫痫），但在这个冬天他依然坚持绘画。在布鲁塞尔的群展上，他展出了更多油画，甚至受到了评论界的赞誉，并且卖掉了其中一幅画——这是梵高一生中卖出的唯一作品。

在1月末，提奥的妻子生下一个儿子，并给他取名为文森特。有了小侄子的梵高非常自豪，立刻为小文森特创作了一幅新画：盛开的杏花。但是幸福并未长久，梵高在2月底又一次癫痫发作，这一次，他到4月末的时候才恢复。

5月末，梵高再次搬家，去了北边的一个小镇奥维尔[1]。去那儿的路上，他顺便去探望了巴黎附近的弟妹和侄子。在奥维尔，他受到医生保罗·加歇的照顾。加歇是一名顺势疗法的医生，曾研究过艺术家的神经紊乱症状。

梵高和加歇医生发展了亲密的友谊，因为加歇自己也是个业余艺术家。尽管癫痫又发作了几次，但梵高似乎在加歇医生的照料下恢复良好。他依然全身心扑在画画上，并且这段时间创作的新画，都采用了更宽的尺幅。

在奥维尔生活的七十天中，梵高的灵感如同泉水一样喷涌而出，他以惊人的创造力完成了大约七十幅油画。较冷的蓝色和紫色成为奥维尔的主基调，这与他在法国南部时明亮的色彩和丰富的色调形成鲜明对比。与此同时，他的肖像画也使用了更大胆的配色。

这一紧张创作时期，他的笔法技巧继续沿着色彩绚丽而又富于动感的轨迹发展。在写给提奥的最后一封信中，梵高并没有流露出太多的忧郁，甚至还像往常一样要求更多的颜料补给。但是7月27日，在麦田里画画的梵高，对着自己的胸口扣下了扳机。提奥心急火燎地赶到梵高身旁，但两天后迎接他的却是哥哥的死亡。文森特·梵高只活了三十七岁。同年晚些时候，悲伤击垮了提奥，次年1月，他在荷兰去世。

1　全名为瓦兹河畔的奥维尔（Auvers-sur-Oise），位于法国北部法兰西岛大区瓦勒德瓦兹省的一个市镇。

1890年1月 | No.622

很快，等天气不那么冷后，我有机会去外面画画，然后就可以完成现在开始画的这些画了。如果想表现普罗旺斯，画更多的柏树和山丘是很有必要的。《佩鲁莱斯的溪谷》和另一幅画里的山脉和前景中的道路，都是这个地区典型的景观。尤其是溪谷这张画，还没有干透，所以我先留着它。以及有一幅花园里的松树。我花了很多时间来研究这个空气纯净之地的松树、柏树等的个性——线条并不会变化，我找到了每一笔的画法。

—

约1890年1月12—15日 | No.623

我越想越觉得有道理：我应该去临摹一些米勒的画，那些他自己没时间画成油画的作品。不过，我想再次强调，以他的素描或者木刻版画为基础来画油画，并不是简单纯粹的抄袭。这更像是将明暗对比的黑白印象翻译成另外一种语言——色彩的语言。我刚刚又完成了三幅拉维艾耶的木刻版画《一日之时》，花了很长时间，而且也碰到不少的难题。这个夏天，我完成了《农活》这幅画，你知道的。这些画的实验性较之以前更甚，我还没有把这些临摹的画寄给你，当然了，总有一天你会看到它们。不论怎样，以前的画对我画《一日之时》也都非常有用。谁知道呢，也许将来我会把它们做成版画。这最后的三幅（临摹的《一日之时》）还需要一个月才能干透。一旦你看到它们，就会明白创作它们必然是出于对米勒深厚而真挚的仰慕。而且，不论日后被批评或者被蔑视为抄袭，这些画的作用会依然存在：这样的创作是为了让米勒的作品更方便被大众了解。

这周我将开始外出工作，画被雪覆盖的大地，还有米勒的《人生的第一步》，与之前的那些形式相同。接下来会画一系列的 6 号画布，我也想跟你说，我付出了很多努力和思考，研究如何将这后三幅《一日之时》画成彩色。

—

约1890年2月20日，母亲 | No.627

这些天，我一直想着给你回信，但总没时间。我每天从早画到晚，而时间又总是过得很快。我很想念约翰娜和提奥，你也跟我一样吧。当我收到他们的消息说一切安好的时候，真是太高兴了！威廉敏娜能留下来帮忙真好。其实我觉得，我更高兴提奥用父亲的名字而不是我的来为他儿子命名。最近我总是想起父亲。不过现在也挺好。我已经开始画一幅画了，可以挂在婴儿的卧室里：大幅的白色杏花盛放在蓝天下。

1890年4月 | No.628

工作进展不错——很快你就会看到这幅油画，盛开的杏树枝条，这也许是我迄今最好、最细心的作品，作画时我感到很平静，下笔也没有丝毫的犹疑。但是第二天，我又感到精疲力竭了。这种情况有些难以理解，但是，唉，有时候就是如此。

—

1890年4月30日 | No.629

画杏花的时候我病倒了。如果那时能继续画，你就知道我其实应该多画一些在花期的树。现在树上的杏花已经快掉完了，我真是不走运啊。

—

1890年4月30日，母亲和妹妹 | No.629A

最近几天我在画艳阳之下的绿色田野，盛开着黄色的蒲公英。即使病得最重的时候，我也在画画，画了一幅布拉班特的风光画，茅草屋有苔藓覆盖的屋顶和榉木的树篱，画中是秋天傍晚时暴风雨的天空，落日在红褐色的云层之后。还有一幅是芜菁田，有女人在雪地里拾叶子。

—

1890年5月4日 | No.631

工作进展不错，我已经画了两张花园里的新草地，其中一幅极其简单——这是一幅它的速写。松树的枝干是紫粉相间，草坪里有着白色的野花和蒲公英，还有一小树玫瑰，画布上方的部分还有更多的树干。

—

1890年5月3日 | No.632

你寄的这些版画真美呀。信纸背面我简单画了一张素描，是我在《拉撒路复活》[1]的背景中画的三个人物形象：死者和他的两个姐妹。洞穴和尸体是紫色、黄色和白色相间。其中一个橙发绿裙的女人正在移开复活者脸上的手帕，另外一个女人是黑发，穿绿底粉条纹的长袍。背景是乡村的蓝色山丘和正在冉冉升起的金色太阳。这样色彩的组合起到明暗法在蚀刻画中一样的效果。

—

1890年5月11或12日 | No.633

我在画一幅明绿色背景里的玫瑰，以及另外两幅大束的紫色鸢尾花。其中一幅是粉色背景，绿、粉和紫的组合产生了一种融洽温和的效果。与此相反，另一幅画中，紫色的

1 《拉撒路复活》原为伦勃朗的画，取材自《圣经》故事，拉撒路死后四天，耶稣使其复活。

No.623
※ 被雪覆盖的田地和犁耙（参照米勒）
Snow-Covered Field with a Harrow
（ after Millet ）

No.627　No.628　No.629
※ 盛开的杏花
Almond Blossom

No.629A
※ 北方的回忆
Reminiscence of the North

Mais j'ose croire que mon aplomb ne me
manquera pas j'ai tant de chagrin de quitter
comme cela que le chagrin sera plus fort que
la folie j'aurai donc j'ose croire l'aplomb nécessaire
M. Peyron dit des chôses vagues pour dégager
dit-il sa responsabilité mais aussi on n'en finirait
jamais jamais la chôse trainerait en longueur et
on finirait par se fâcher de part et d'autre
moi ma patience est à bout à bout mon cher frère
je n'en peux plus il faut changer même pour
un pis aller. –

Cependant il y a une chance réellement que le
changement me fasse du bien – le travail marche bien
j'ai fait 2 toiles de l'herbe fraiche dans le parc dont
il y en a une d'une simplicité extrême. en voici un croquis

hatif. Un tronc de pin
violet rose et puis de l'herbe
avec des fleurs blanches et
des pissenlits, un petit rosier
et d'autres troncs d'arbre dans
le fond tout en haut de la
toile. Je serai là bas dehors
je suis sûr que l'envie de
travailler me dévorera
et me rendra insensible
à tout le reste et de bonne humeur. Et je m'y laisserai
aller non pas sans réflexion mais sans m'appesantir sur
des regrets de chôses qui auraient pu être.
Ils disent que dans la peinture il ne faut rien chercher ni
espérer qu'un bon tableau et une bonne causerie et un bon
diner comme maximum de bonheur sans compter
les parenthèses moins brillantes – C'est peut être vrai et
pourquoi refuser de prendre le possible surtout si ainsi faisant
on donne le change à la maladie.
Bonne poignée de main à toi et à Jo je crois que
je te sais faire une peinture pour moi d'après le motif du portrait
cela ne sera pas ressemblant peut être mais enfin je chercherai
j'espère à bientôt – et voyons épargnez moi ce compagnon
de voyage forcé. – t. à t.   Vincent.

Mon cher Theo, encore une fois je t'écris pour dire
632 que la santé continue à aller bien, pourtant 35
je me sens un peu éreinté par cette longue crise.
et j'ose croire que le changement projeté
me rafraichira d'avantage les idées,
je crois que le mieux sera que j'aille
mon même voir ce médecin à la campagne
le plus tôt possible; alors on pourra bientôt
décider si c'est chez lui ou provisoirement
à l'auberge que j'irai loger; et ainsi on
évitera un séjour trop prolongé à Paris, chose
que je redouterais –
        Vincent. Avril 1890

No.632

No.632
※ 拉撒路复活（参照伦勃朗）
The Raising of Lazarus
（after Rembrandt）

No.633
※ 鸢尾花
Irises

花朵（胭脂红和纯净的普鲁士蓝）从醒目的柠檬色背景中脱颖而出，花瓶和桌面则是更深的黄色调，造成了一种奇妙且不相称的互补色，而这种对比又互相增强了彼此。

—

1890年5月21日，提奥和约翰娜 | No.636

我画了一幅画，前景中是破旧的茅屋顶和正在开花的豌豆田，背景是一些麦子和山丘——我想你们会喜欢它。可以说，来南方对我非常有益处，可以帮助我更好地理解北方。就如我想象的一样，走到哪里，我都能看到更多的紫罗兰色调。奥维尔有种不容置疑的美。

—

1890年5月25日，提奥和约翰娜 | No.637

我画了一幅老葡萄园的草稿，决定用30号的画布画成油画；还画了一幅粉色栗树的习作，还有一幅是白色栗树。但如果条件允许，我希望能画一些人物肖像。我脑海开始浮现出一些模糊的图像，虽然需要一些时间才能变得清晰，但是会一点一点达到。

—

1890年5月25日，艾萨克森[2] | No.614A

在南部的时候，我画了一些橄榄树林。相信你已经对橄榄树的画很熟悉了。我觉得莫奈或者雷诺阿的作品中一定有这个题材了。但除此之外——我猜一定有人画过这个题材，可是我没见过——除了这些画，似乎很少有关于橄榄树的作品。

也许很快就会看到画家以不同的方式画橄榄树了，就如同画家画荷兰柳和修剪过的柳树，也如同杜比尼和塞萨尔·德·科克[3]之后，人们开始用不同方式诠释诺曼底的苹果树。日光和蓝天的不同效果，会让橄榄树衍生出千变万化的主题。我自己则观察了叶子的对比效果，这种对比会随着天空的色调而变化。有时候，当树上开满了淡色的花朵，就有无数的昆虫在花朵间穿梭，有巨大的蓝色飞蛾、吃果实的翡翠色甲虫，还有蝉，所有的一切都沉浸在纯净的蓝色中。随着青铜色的叶子染上越来越多成熟的颜色，天空也辐射出绿色和橙色的条纹，之后进入秋天时，叶子会呈现出像成熟的无花果一样的紫色，与泛白的太阳散发出的亮柠檬色浅晕形成鲜明对比。有时候，一场小雨过后，整个天空就呈现出粉色和浅浅的橙色，让闪着银色的灰绿色叶子看起来更加精致细腻。与此同时，也常有身着粉色衣服的女人们捡拾或采集橄榄。

这些油画，加上一些花卉的习作，是我自上次通信以来的所有作品。这些花卉中有一幅是绿色背景里铺天盖地的玫瑰花，还有一幅是一大束紫色鸢尾花衬在黄色的背景中，另一幅的背景是粉色的。

—

1890年6月3日 | No.638

我在画加歇医生的肖像——戴着顶白色的帽子，很精致，颜色很浅，双手也是明亮新鲜的色彩，一件蓝色的燕尾服，钴蓝色的背景，他倚靠在一张红桌子上，上面有一本黄色

---

2 约瑟夫·艾萨克森（Joseph Jacob Isaäcson，1859—1942），荷兰画家、评论家，他对梵高的画给过积极评价。——原注
3 塞萨尔·德·科克（César de Cocq，1823—1904），比利时艺术家。

No.637
※ 老葡萄园与农妇
Old Vineyard with Peasant Woman

638

Mon cher Theo, déjà depuis plusieurs jours j'aurais désiré t'écrire
à tête reposée mais ai été absorbé par le travail. Ce matin
arrive ta lettre de laquelle je te remercie et du billet de 50 fr.
qu'elle contenait. Oui je crois que pour bien des chôses il serait
bien que nous fussions encore ensemble tous ici pour une
huitaine de tes vacances si plus longtemps n'est pas
possible. Je pense souvent à toi à Jo et au petit, et je
vois que les enfants ici au grand air sain ont l'air
de bien se porter. Et pourtant c'est déjà ici aussi difficile
assez de les élever à plus forte raison est ce plus ou moins
terrible à de certains moments de les garder sains & saufs
à Paris dans un quatrieme étage. Mais enfin il faut
prendre les chôses comme elles sont. M. Gachet dit qu'il
faut que père et mère se nourissent bien naturellement
il parle de prendre 2 litres de bière par jour &c. Dans ces
mesures là. Mais tu feras certes avec plaisir plus ample
connaissance avec lui et il y compte déjà en parle
toutes les fois que je le vois que vous tous viendrez. Il me
parait certes aussi malade et ahuri que toi ou moi et
il est plus agé et a perdu il y a quelques années sa femme
mais il est très médecin et son métier et sa foi le tiennent
pourtant. Nous sommes déjà très amis et par hasard
il a connu encore Brias de montpellier et a les mêmes
idées sur lui que j'ai que c'est quelqu'un d'important
dans l'histoire de l'art moderne. Je travaille à son portrait

la tête avec une casquette blanche très blonde très claire les mains
aussi à carnation claire un frac bleu et un fond bleu cobalt
appuyé sur une table rouge sur laquelle un livre jaune et
une plante de digitale à fleurs pourpres. Cela ~~fait~~ est dans
le même sentiment que le portrait de moi que j'ai pris lorsque
je suis parti pour ici. ~~~~
M. Gachet est absolument fanatique pour ce portrait et veut
que j'en fasse un de lui si je peux absolument comme cela
ce que je désire faire aussi. Il est maintenant aussi
arrivé à comprendre le dernier portrait d'arlésienne et dont tu en
as un en rose. il revient lorsqu'il vient voir les études tout le temps
sur ces deux portraits et il les admet en plein mais en plein tels qu'ils sont.

No.638

No.638
※ 加歇医生的肖像
Portrait of Dr. Gachet

的书以及一株开着紫色花朵的毛地黄[4]。与我来这儿前画的那幅自画像一脉相承。

　　加歇医生非常热切地想得到这幅画，恳请我说，如果可以的话，再画一张一模一样的给他。我也正打算这么做。另外，他现在开始理解我的上一幅阿尔勒女人的肖像画了，你也有一幅粉红色的；每次来这里看画，他总是反复地研究这两幅肖像，现在他已经接受了它们，完完全全、原原本本地接受了。加歇医生说我的病复发的可能性很小，一切都在朝好的方向发展。

—

约1890年6月5日，妹妹 ｜ No. W22

　　我画了一大幅画，画的是村子的教堂。在天空的深蓝色和纯净的钴蓝色下，整栋建筑染上了一层紫罗兰色。教堂的彩色玻璃像是布满了群青色的斑点，紫罗兰色的屋顶有一部分变成了橙色。在前景中，有一些正在开花的绿色植物，而沙石路则在阳光下反射出粉色的光辉。这

幅画与之前那些在尼厄嫩画的老旧塔楼与墓地的习作非常相似，不过这次的颜色更加绚丽和富于表现力。

　　我最着迷的是肖像画法，现代肖像画技法，这远远超出了其他的工艺。我通过色彩来研究，可以肯定的是，我并不是唯一一个沿着这条路追求的人。如你所见，我离完全掌握还有很远的距离，尽管如此，这个目标依然不变。我很希望能画出这样的肖像，让一个世纪以后的人们觉得如同看到魅影一般。因此我并不打算以照相般的相似来表达，而是通过情感的表达，使用现今的知识和对色彩的理解来诠释并凸显人物的个性。因此，在加歇医生的画像中，面部是砖红色，那是被阳光炙烤过的痕迹，红色的头发，白帽子，背景是环绕的蓝色远山，衣服是群青色，这样就能突出面部，使其砖红色显得有点泛白。他的手像是妇产科医生的手，比面部更白皙。

　　在他面前的红色花园桌子上，有几本黄色封面的小说和深紫色的毛地黄。我的自画像也非常相似，只不过蓝色是更细致的南部的蓝色，衣服是明亮的淡紫色。阿尔勒的

4　毛地黄，一种植物，开紫色或白色钟形花朵。

女人的画像有着中性亚光的色调，眼睛平和而单纯，黑色的衣服，粉色的背景，她斜靠着，用肘部支在绿色的桌子上，桌上放着些绿色的书。但是提奥有的那个版本，衣服是粉色的，黄白相间的背景，在她的紧身胸衣前露出了从白色渐变为绿色的纱。所有都是浅色，只有头发、睫毛和眼睛是黑色的。

—

约1890年6月12日，妹妹 | No.W23

我为加歇医生画了一幅表情忧郁的肖像，看到画的人估计会说这是一脸苦相。尽管如此，我依然要这么画，因为与前人冷漠淡然的肖像画相比，我们应该意识到，当下的人物面部有着多么丰富的表情和强烈的情感，比如热切期盼，或某种怀旧情愫。伤感而温柔，但又明朗、睿智——很多肖像画就应该这么画啊！

—

1890年6月17日 | No.642

我刚刚画完一幅风景，橄榄树林。目前有两幅作品正在创作：一幅是一丛野生植物——蓟、麦穗，还有很多种不同的叶子。蓟近乎红色，麦穗非常绿，叶子则近于黄色。第二幅画是植被环绕的白房子，伴随着夜晚的星辰，房子的窗中发出橙色的光，黑色的植物，以及一点暗淡的粉色。

　　暂时就这些了。我有个画大幅油画的想法，画杜比尼的别墅和花园[5]，我刚刚已经完成了一幅小的习作。

—

1890年6月，高更 | No.643

我还在画星空下的柏树，最后再试一次吧——夜空中暗淡无光的月亮，纤细的新月从地球投射到月亮的不透明阴影中露出来——而星光则出奇地明亮，在群青色的夜空中闪着温柔的粉色和绿色光芒，云朵则是匆匆经过。画的底部有一条路，沿路是黄色的高大植物枝干，掩映着阿尔卑斯的蓝色山麓，一家老旅店的窗子透出橙色的光，以及一株高大笔直的柏树，颜色暗淡。

5　指杜比尼在奥维尔的家，梵高画画的时候杜比尼已经过世，只有他太太孀居于此。

No.642
※ 杜比尼的花园
Daubigny's Garden

Avez vous aussi vu les oliviers? Maintenant
j'ai un portrait du D.r Gachet à expression
navrée de notre temps. Si vous voulez quelque
chose comme vous disiez de votre christ au
jardin des oliviers pas destiné à être compris
mais enfin là jusque là je vous suis et
mon frère sait ce bien cette nuance.
j'ai encore de là bas un cyprès avec une étoile.
un dernier essai — un ciel de nuit avec
une lune sans éclat à peine le
croissant mince émergeant de l'ombre
projetée opaque de la terre — une étoile
à éclat exagéré, si vous voulez, éclat doux
de rose & vert dans le ciel outremer
où courent des nuages. En bas
une route bordée de hautes cannes
derrière lesquelles les alpines bleues
à fenêtres illuminées orangées
une vieille auberge et un très haut
cyprès tout droit tout sombre.
Sur la route une voiture jaune attelée
d'un cheval blanc et deux promeneurs
attardés. Très romantique
si vous voulez mais aussi je crois

de la Provence. Probablement je graverai à l'eau forte celle là
et d'autres paysages et motifs souvenirs de Provence alors
je me ferai une fête de vous en donner un tout un
résumé un peu voulu et étudié. Mon père dit que Lauzet
que fait les lithographies d'après Monticelli a trouvé bien
la tête d'arlesienne en question

No.643 ※ 星空下的道路与柏树 Road with Cypress and Star

No.643
※ 麦穂
Ears of Wheat

路上有一辆由白马拉着的黄色马车和两个晚出散步的人。你会觉得非常浪漫，也是非常典型的普罗旺斯。

也许你会喜欢这个想法——我在试着画一些类似的麦田的画。但是信里这张草稿画不出那种感觉，油画中除了蓝绿色的麦秆之外一无所有，叶子像绿色的长缎带，混杂着粉色，麦穗则微微泛黄，边缘是淡粉色，像是带着尘土的花朵，粉色的藤蔓环绕着麦秆。

我还想再画一些肖像画，用非常明亮但又恬静的背景。不同程度的绿但是明暗度一样，这样它们会有一种整体感，而这些绿色的细微差异，会使人想起麦子在微风中轻轻摇摆的感觉。这个色彩方案远没有看上去那么简单。

—

1890年6月24日 | No.644

画布已经寄到了，鸢尾花那幅画也干透了，我想你会在画中有所发现。还有几幅玫瑰，一幅麦田，一张小幅的山麓风景，以及一幅星空下的柏树。

这周，我画了一幅年轻女孩的肖像，她是我房东的女儿，大约十六岁。人物身穿蓝色，背景也是蓝色。我把这幅画送给了她，但是随即又画了一幅给你，15号的画布。

我还有一幅一米长、半米高的麦田，以及一幅森林的画与之相配。后面这幅画画的是森林里的景象，有着淡紫色树干的杨树，树下的草地点缀着各色的花，有粉、黄、白以及深浅各异的绿色。这是一幅晚间的习作，两株梨树在黄色天空和麦田的映衬下，完全变成了黑色，蓝紫色的背景中，远处的城堡被深色的植被包围着。

—

1890年6月28日 | No.645

前两天我画了加歇小姐的肖像，希望你可以很快看到。她穿着粉色的连衣裙，背后是绿色带橙色斑点的墙，地毯则是有绿色斑点的红色，钢琴是暗紫色。画的尺寸是一米高、五十厘米宽。

画她的时候我很享受——但是依旧有难度。加歇医生答应说，会再叫她拿一个小风琴摆个造型。我也会画一幅给你。我留意到这幅画和那幅水平麦田的画很适合摆在一起。一幅是竖构图的粉红色，另一幅则是淡绿色与黄绿色，恰好与粉色是互补色。一幅是自然，另一幅是人物，两者相互解释，相互加强，但是让人们理解这耐人寻味的组合，我们还有很长的路要走。

尽管如此，还是有些人已经认识到这点了，这非常了不起。人们的衣着常会有美丽的浅色搭配，如果能让这些经过的人留下来，摆个造型，然后画肖像，会非常有感染力，可以比得上过去的任何一个时代。

—

1890年7月2日，提奥和乔[6] | No.646

这是三幅草稿，其中一幅画的是个农妇，戴着黄色大帽子，帽子上还扎着天蓝色的蝴蝶结，面色红润，深蓝色的衬衫上带着橘黄的点，背景是麦穗。

这幅画画在30号的画布上，但是恐怕还有些粗糙。

第二幅是水平构图的田野风景，类似于米歇尔的一幅画，但是色彩不同，我的画中是柔软的绿色、黄色和蓝绿色。

第三幅是树林深处，淡紫色的白杨树干，像柱子一样垂直地穿过画面。树林的深处是蓝色，在高高的树干下是鲜花盛开的草地，有白、粉、黄、绿等颜色，还有些赤褐色的长得很高的草和花。

—

No.644　日落时奥维尔的城堡　Landscape with the Chateau of Auvers at Sunset

No.645
※ 玛格丽特·加歇在钢琴旁
Marguerite Gachet
at the Piano

No.646

约1890年7月10日，弟弟、弟妹 | No.649

我一回到这儿就开始工作了——尽管我几乎拿不稳画笔，但是我对自己的追求了然于心，到现在已经画了三幅人的油画。

画的都是暴风雨天空下漫无边际的大片麦田，我在传达悲伤和刻骨铭心的孤独感时，非常得心应手。希望你们很快就能看到——因为我希望可以尽快把它们带到巴黎去，因为我觉得这些油画可以将那些我无法用文字表达的都告诉你们，让你们知道我在这田园中所发现的盎然生机。第三幅是杜比尼的花园，一幅我刚到这里就开始构思的画。

—

1890年7月，弟弟、弟妹 | No.650

我已经完全被这一望无际的平坦麦田和山丘所征服。如大海一样的辽阔，娇嫩温柔的黄色、浅绿色和紫色，耕过的田野已经除完了草，绿色的土豆花点缀在田野中。所有这些都铺展在细腻精巧的蓝、白、粉、紫色的天空下。画这幅画的时候，我全身心都沉浸在一种平静的心境中。

—

1890年7月23日 | No.651

也许你会想看看这幅杜比尼花园的素描稿——它是我最深思熟虑的一幅油画。我也附上了一幅收割后的麦茬田的素描。还有两幅30号油画的素描，画的是雨后绵延广阔的麦田。

杜比尼的花园，前景是绿色和粉色相间的草地。左侧是绿色和淡紫色的灌木丛以及一些长着泛白叶子的低矮灌木。画面的中央有一个玫瑰圃，右侧有一道围墙和小门，墙的上方是蓝紫色叶子的椴树。丁香的树篱，一排修剪成圆形的黄色椴树，粉色的别墅掩映在背景中，屋顶上是泛蓝的瓦片。画中还有一把长凳、三把椅子和一个穿黑色衣服、戴黄帽子的人。在前景中还有一只黑猫，天空则是泛白的绿色。

—

1890年7月24日[7] | No.652

坦白地说，画家只能用画来说话。不过，亲爱的弟弟，就像我反复和你说过的那样，我再次严肃地向你强调，用一个人的头脑经过思考后所能尽力表达出的那种严肃——再说一次，我永远都不会把你看作一个只会卖柯罗作品的艺术品商人[8]，对于我，在我很多作品的创作中，你都扮演了至关重

7　这是一封未寄出的草稿，是梵高离世时在他身上发现的。
8　这里提到了柯罗，很可能是因为提奥刚刚以很高的价格卖掉了一幅柯罗的作品。

※ 暴风雨下的麦田
Wheat Field
Under Thunderclouds

要的角色，没有你，这些画不可能在不幸和颠沛流离中仍保持一份平静。这就是我们的关系。

现在，画商们主要经营已去世艺术家的作品，所以他们和在世艺术家的关系变得很紧张。面对这样的关系危机，上面的话就是我一定要告诉你的事情。我为自己的事业付出了所有，还为此搭上了一半理智——搭上就搭上吧——但是据我所知，你并不在那些唯利是图的经销商之列，在我看来，你可以选择你的立场，并且你的行为都是出自纯真的人性，但是，你又能做些什么呢？

No.651
杜比尼的花园与黑猫
Daubigny's Garden with Black Cat

No.651

附录 1_ 参考文献

Alley, Ronald. *Catalogue of the Tate Gallery's Collection of Modern Art Other than Works by British Artists.* London, 1981.

Baer, Ann. *A Catalogue of Marées Gesellschaft and Ganymed Press Facsimiles.* London, 1994.

Bailey, Martin. "KGB's Secret Store of Looted Old Masters." *The Observer* (London), September 20, 1992.

Bargue, Charles. *Exercices au fusain, pour préparer à l'étude de l'Académie d'après nature.* Paris, 1871.

Barnett, Vivian Endicott. *The Guggenheim Museum, Justin K. Thannhauser Collection.* New York: Solomon R. Guggenheim Museum, 1978.

Bernard, Émile. "Vincent van Gogh." *Les hommes d'aujourd'hui* 8, no. 390 (1891). Published in translation in Stein 1986, pp. 282–85.

Bernard, Émile. "Vincent van Gogh." *La plume*, September 1, 1891. Published in translation in Stein 1986, p. 282.

Blanc, Charles. *Grammaire des arts du dessin: Architecture, sculpture, peinture.* Paris, 1867.

Bremmer, H. P. ed. *Beeldende Kunst* 5 (1917–18), vol. 2.

Bremmer, H. P. ed. *Beeldende Kunst* 11 (1923–24), vol. 4.

Bremmer, H. P. ed. *Beeldende Kunst* 13 (1926), vols. 8, 11.

Bremmer, H. P. *Catalogus van de schilderijen verzameling van Mevr. H. Kröller-Müller.* The Hague, [1917].

Bremmer, H. P. ed. *Moderne kunstwerken: Schilderijen, teekeningen en beeldhouwwerken* 2 (1904), vol. 10.

Bremmer, H. P. ed. *Moderne kunstwerken: Schilderijen, teekeningen en beeldhouwwerken* 8 (1910), vol. 11.

Bremmer, H. P. *Vincent van Gogh: Inleidende beschouwingen.* Amsterdam, 1911.

Bremmer, H. P. *Vincent van Gogh: Reproducties naar zijn werken in de verzameling van Mevrouw H. Kröller-Müller.* The Hague, 1919.

Bremmer, H. P. *Verzameling van Mevrouw H. Kröller-Müller, The Hague. 2 vols.* The Hague, 1921–28.

"Brieven en Platten van Vincent van Gogh." *Van nu en straks*, no. 3 (1893). Contributions by Henry van de Velde, Richard N. Roland-Holst, Jan Toorop, Johan Thorn Prikker, et al.

Bromig-Kolleritz von Novisancz, Katharina. "Die Selbstbildnisse Vincent van Goghs: Versuch einer kunsthistorischen Erfassung der Darstellungen." Ph.D. dissertation, Garmisch.Munich, 1954.

Carroy, Christian. "Een panoramalandschap van Van Gogh." *Bulletin van het Rijksmuseum 10*, no. 4 (1962), pp. 139–42.

Cassagne, Armand. *Abécédaire du dessin/Abecedary of Drawing.* Ser. 7 of *Le dessin pour tous: Cahiers d'exercices élémentaires et progressifs.* Paris and London, [186–?].

Cassagne, Armand. *Guide de l'alphabet du dessin ou l'art d'apprendre et d'enseigner les principles rationnels du dessin d'après nature.* Paris, 1880.

Cassagne, Armand. *Guide pratique pour les différents genres de dessin: Dessin à la mine de plomb;–au crayon noir dit Conté;–à la sanguine;–au fusain;–à la plume;–au lavis;–à la sépia;–à la plume, relevé de couleur.* Paris, 1873.

Cassagne, Armand. *Traité d'aquarelle* Paris, 1875.

Cassagne, Armand. *Traité pratique de perspective.* Paris, 1879.

Catalogus Schilderijen van, teekeningen en beelden in het Stedelijk Museum bijeengebracht door de "Vereeniging tot het Vormen van eene Openbare Verzameling van Hedendaagsche Kunst" te Amsterdam. Amsterdam, 1914.

Chetham, Charles. The Role of Vincent van Gogh's Copies in the Development of His Art. New York and London, 1976.

Cohen-Gosschalk, Johan. "Vincent van Gogh." *Zeitschrift für bildende Kunst 43*, no. 9 (1908), pp. 225–35.

Cooper, Douglas. *Drawings and Water-colours [by Vincent van Gogh]: A Selection of 32 Plates in Colour* .With an essay by Hugo Hofmannsthal. New York, 1955.

Cooper, Douglas. "The Yellow House". In *Van Gogh in Perspective*, edited by Bogomila Welsh-Ovcharov, pp. 149–55. Englewood Cliffs, N.J., 1974.

Daloze, Marcel. "La découverte de l'oeuvre et de la personalité de Van Gogh en Belgique (1890–1914). "Doctoral dissertation, Université de Liège, 1982.

Davis, Bruce. *Master Drawings in the Los Angeles County Museum of Art.* Los Angeles: Los Angeles County Museum of Art, 1997.

De Brouwer, Tor. *De oude toren en Van Gogh in Nuenen.* Venlo, 2000.

De la Faille, J.–B. *L'oeuvre de Vincent van Gogh: Catalogue raisonne.* 4 vols. Paris and Brussels, 1928.

De la Faille, J.–B. *The Works of Vincent van Gogh: His Paintings and Drawings.* Rev. ed. Amsterdam, 1970.

De la Faille, J-.B. *Vincent van Gogh: The Complete Works on Paper. Catalogue Raisonné.* 2. vols. Reprint of De la Faille 1928, vol. 3 and a rev. suppl. ed of the portion of 1970 concerning works on paper. San Francisco, 1992.

Dijk Wout, J. and Meent W. van der Sluis. *De Drentse tijd van Vincent van Gogh: Een onderbelichte periode nader onderzocht*. Groningen, 2001.

Dorn, Ronald. "Als Zeichner unter Malern: Vincent van Gogh in Den Haag, 1881–1883." In John Sillevis et al., *Die Haager Schule: Meisterwerke der holländischen Malerei des 19. Jahrhunderts aus Haags Gemeentemuseum*, pp. 58–80. Exh. cat.Mannheim: Kunsthalle Mannheim, 1987.

Dorn, Ronald. "'Refiler à Saintes-Maries?': Pickvance and Hulsker Revisited." *Van Gogh Museum Journal* 1997–98, pp. 15–25.

Dorn, Ronald. "Vincent van Gogh *Soir d'été, 1888.*" *In Van Gogh, Van Doesburg, de Chirico, Picasso, Guston,Weiner,Mangold, Richter: Texte zu Werken im Kunstmuseum Winterthur*, edited by Dieter Schwarz, pp. 11–41. Düsseldorf and Winterthur, 1999.

Douwes, Willem F. *Vincent van Gogh*. Amsterdam, [1930].

Drawings by Vincent van Gogh in teh Kröller-Müller Museum. Otterlo, 2006. Forthcoming.

Du Quesne-Van Gogh, E. H. *Persönliche Erinnerungen an Vincent van Gogh*. 2nd ed.Munich, 1911.

Elderfield, John. *The Modern Drawing: 100 Works on Paper from the Museum of Modern Art*. New York, 1983.

Elgar, Frank. *Van Gogh*. Paris, 1958.

Erpel, Fritz. *Van Gogh: The Self-Portraits* Oxford, 1964.

Feilchenfeldt, Walter. with a catalogue of the drawings complied by Han Veenenbos. *Vincent van Gogh and Paul Cassirer, Berlin: The Reception of Van Gogh in Germany from 1901 to 1914*. Cahier Vincent, no.2. Zwolle, 1988.

Fels, Florent. *Vincent van Gogh*. Paris, 1928.

Findhammer, Joost. "Wat is er over van het landschap ten tijde van Van Gogh?" *De Drijehornickels* 11, no. 1 (April 2002), pp. 17–24.

Francis. "Exposition Van Gogh chez Le Barc de Boutteville." *La vie moderne*, April 24, 1892. Published in translation in Stein 1986, p.294.

Gans, L. "Twee onbekende tekeningen uit Van Gogh's Hollandse Periode." *Museumjournaal* 7, no 2. (July 1961), pp. 33–34.

Gauguin, Paul. "Vincent van Gogh." *Kunst und Kunstler* 8 (1910), p.581.

Gaunt,William. "Van Gogh: The Man in His Time." *Artnews Annual* 19 (1950), pp. 51–64.

Hagen, Oskar. *Vincent van Gogh: Faksimiles nach Zeichnungen und Aquarellen*. Munich, 1919.

Hansen, Dorothee. "Outside Arles: Harvest in Provence, 1888". In Bremen 2002–3, pp.110–33.

Havelaar, Just. *Vincent van Gogh*. Amsterdam, [1915].

Heenk, Elizabeth Nicoline. "Vincent van Gogh's Drawings: An Analysis of Their Production and Uses". 2 vols. Ph.D. dissertation, Courtauld Institute of Art, University of London, 1995.

Heenk, Liesbeth."Revealing Van Gogh: An Examination of His Papers". *Paper Conservator* 18 (1994), pp. 30–39.

Hulsker, Jan. *The Complete Van Gogh: Paintings, Drawings, Sketches*. New York, 1980.

Hulsker, Jan. "The Houses Where Van Gogh Lived in The Hague". *Vincent: Bulletin of the Rijksmuseum Vincent van Gogh* 1, no.1 (1970), pp.2–13

Hulsker, Jan. *The New Complete Van Gogh: Paintings, Drawings, Sketches*. Rev. ed. Amsterdam and Philadelphia, 1996.

Hulsker, Jan. "The Poet's Garden". *Vincent: Bulletin of the Rijksmuseum Vincent van Gogh* 3, no. 1 (1974), pp.22–32.

Hulsker, Jan. "Van Gogh's First and Only Commission as an Artist". *Vincent: Bulletin of the Rijksmuseum Vincent van Gogh* 4, no. 4 (1976), pp.5–19.

Hulsker, Jan. *Vincent van Gogh: A Guide to His Work and Letters*. Amsterdam, 1993.

Joosten, E.J. "Gezicht uit het hospitaal Saint Paul". *Verslag van de Vereniging Rembrandt* 1970, pp. 31–32.

Joosten, J.M. "Deel 5: Het vervolg van de besprekingen van de Amsterdamse keuze-tentoonstelling van vroege tekeningen bij de kunsthandel Oldenzeel te Rotterdam en de Van Gogh tentoonstelling in het Panorama-gebouw te Amsterdam." Museumjournaal 15, no. 2 (1970), pp. 100–103.

Kerstens, C. *Piet Kaufmann: Van Gogh's Model*. d?Hûskes, no. 19. Etten- Leur, 1990.

Knapp, Fritz. *Vincent van Gogh*. Bielefeld and Leipzig, 1930.

Ködera, Tsukasa, "Van Gogh's Utopian Japonisme." In van Rappard-Boon, Van Gulik, and Van Bremen-Ito 1991, pp. 11–45.

Ködera, Tsukasa. *Vincent van Gogh: Christianity versus Nature*. Oculi, vol. 3. Amsterdam and Philadelphia, 1990.

Ködera, Tsukasa, ed.; Yvette Rosenberg, ed. for English. *The Mythology of Vincent van Gogh*. Tokyo, 1993.

Komanecky, Michael K. "Vue d'Ales (View of Arles)". In *Selection V: French Watercolors and Drawings from the Museum's Collection, ca. 1800–1910*, pp. 83–87. Exh. cat. Providence: Museum of Art, Rhode Island School of Design, 1975.

Konheim Kramer, Linda, Karyn Zieve and Sarah Faunce. *French Nineteenth-Century Drawings and Watercolors at the Brooklyn Museum*. New York, 1993.

Kress, Annelise. "Vincent van Gogh's 'Reality'". *Vincent: Bulletin of the Rijksmuseum Vincent van Gogh* 2, no. 4 (1973), pp. 8–21.

Kruel, Andreas ed. and Anne Röver-kann. *A Catalogue of the Works of Art from the Collection of the Kunsthalle Bremen Lost during Evacuation in the Second World War*. 2nd ed. Bremen, 1997.

Larsson, Håkan. *Flames from the South: On the Introduction of Vincent van Gogh to Sweden*. Eslöv, 1996.

Leprohon, Pierre. *Vincent van Gogh*. Paris, 1972.

Lettres de Vincent van Gogh à Émile Bernard publiées par Ambroise Vollard. Paris, 1911.

Leurs, Stan and Edo Tralbaut, Mark. "De verdwenen kerk van Nuenen. Door Vincent van Gogh levend gebleven in de herinnering". *Brabantia*, February 1, 1957, pp. 29–68.

Leymarie, Jean. *VanGogh*. Paris,1951.

Leymarie, Jean. *Qui était Van Gogh?* Geneva, 1968.

Lugt, Fritz. *Les marques de collections de dessins et d'estampes ....*Amsterdam, 1921. Supplément. The Hague, 1956.

Luijten, Hans. "Rummaging among My Woodcuts': Van Gogh and the Graphic Arts." In *Vincent's Choice: The Musée Imaginaire of Van Gogh*, edited by Chris Stolwijk et al., pp. 110–12. Exh. cat. Amsterdam: Van Gogh Museum, 2003.

Martin, Kurt. *Die Tschudi-Spende: Hugo von Tschudi zum Gedächtnis, 7. Februar 1851–26 November 1911*. Munich, 1962.

Mauclair, Camille [Séverin Faust]. "Galerie Le Barc de Boutteville". *La revue indépendante* 23 (April 1892). Quoted in translation in Stein 1986, pp. 294, 303.

Meier-Graefe, Julius. *Vincent van Gogh*. 3rd ed.Munich, 1910.

Meier-Graefe, Julius. *Vincent*. 2 vols. Munich, 1921.

Meier-Graefe, Julius. *Vincent van Gogh der Zeichner*. Berlin, 1928.

Meier-Graefe, Julius. *Vincent van Gogh: Faksimiles nach Aquarellen und Zeichnungen*. Munich, 1928.

Millard, Charles W. "A Chronology for Van Gogh's Drawings of 1888." *Master Drawings* 12, no. 2 (Summer 1974), pp. 156–65.

Mothe, Alain. Commentary to *Les 70 jours de Van Gogh à Auvers: Essai d'óphóméride dans le décor de l'époque (20 mai-30 juillet 1890), d?après les lettres, documents, souvenirs et déductions, Auvers-sur-Oise*, by Paul Gachet. Paris, 1994.

Mothe, Alain. *Vincent van Gogh à Auverssur-Oise*. Paris, 1987.

Murray, Ann. "'Strange and Subtle Perspective...ā: Van Gogh, The Hague School, and the Dutch Landscape Tradition". *Art History* 3, no. 4 (December 1980), pp. 410–24.

Museum of Fine Arts, Boston. *Illustrated Handbook*. Boston, 1976.

Nijland, J. Hidde. *Vincent van Gogh: 100 teekening van uit de verzameling Hidde Nijland in het Museum te Dordrecht*. Amsterdam: W.Versluys, 1905. Published in conjunction with Dordrecht 1905.

Novotny, Fritz. "Van Gogh's teekeningen van het *Straatje te Saintes-Maries*". *Maandblad voor beeldende Kunsten*, December 1936, pp.370–80.

Novotny, Fritz. "Reflections on a Drawing by Van Gogh: *Tile Factory Near Arles*". Translated by Marguerite Kay. Art Bulletin 35 (March 1953), pp.35–43.

Op de Coul, Martha. "The Entrance to the 'Bank van Leening' (Pawnshop)". *Vincent: Bulletin of the Rijksmuseum Vincent van Gogh* 4, no.2 (1975), pp. 28–30.

Op de Coul, Martha. "De toegang tot de 'Bank van Leening' in Den Haag, getekend door Vincent van Gogh". *Oud Holland* 90, no. 1 (1976), pp. 65–68.

Op de Coul, Martha. "Een mannenfiguur in 1882 door Vincent van Gogh getekend". *Oud Holland* 97, no.3 (1983), pp. 196–200.

Op de Coul, Martha. " In Search of Van Gogh's Nuenen Studio: The Oldenzeel Exhibitions of 1903". *Van Gogh Museum Journal* 2002, pp. 104–19.

Passantino, Erika D, ed. *The Phillips Collection: A Summary Catalogue*. Washington, 1985.

Pataky, Dénes. *Master Drawings from the Collection of the Budapest Museum of Fine Arts: 19th and 20th Centuries*. New York, 1959.

Paul, Barbara. *Hugo von Tschudi und die moderne französische Kunst im Deutschen kaiserreich.* Mainz am Rhein, 1993.

Pfister, Kurt. *Van Gogh.* Potsdam, 1922.

Pickvance, Ronald. "Vincent van Gogh: *La Maison de Vincent à Arles.*" Offprint of Impressionist and Modern Art, lot 52. Sale cat. London: Christie's, June 24, 2003.

Pickvance, Ronald *Van Gogh in Arles.* New york, 1984.

Pickvance, Ronald *Van Gogh in Saint-Rémy and Auvers.* New york, 1986.

Pierre, Richard. "Vincent van Gogh's Montmartre." *Jong Holland* 4, no. 1 (1988), pp. 16–21.

Pion, Léonce, with Irène Pion-Leblanc. *Catalogue du Musée des Beaux-Arts de Tournai.* Tournai, 1971.

Plasschaert Albert. *Vincent van Gogh.* The Hague, 1898. Published in conjunction with The Hague 1898.

Pollock, Griselda. "Vincent van Gogh and Dutch Art: A Study of the Development of Van Gogh's Notion of Modern Art with Special Reference to the Critical and Artistic Revival of Seventeenth Century Dutch Art in Holland and France in the Nineteenth Century." 2 vols. Ph.D. dissertation, Courtauld Institute of Art, London University, 1980.

Pollock Griselda. "Stark Encounters:Modern Life and Urban Work in Van Gogh's Drawings of The Hague, 1881–3." *Art History* 6, no. 3 (1983), pp. 330–58.

Proust, Antonin. *Édouard Manet: Souvenirs.* Paris, 1913.

Rosenblum, Robert. *Modern Painting and the Northern Romantic Tradition: Friedrich to Rothko.* New York, 1975.

Roskill,Mark W. "Van Gogh's Blue Cart and His Creative Process." *Oud Holland* 81, no. 1 (1966), pp. 3–19.

Roskill, Mark. *Van Gogh, Gauguin, and the Impressionist Circle.* Greenwich, Conn., 1970.

Roskill, Mark W. "Van Gogh's Exchanges of Work with Émile Bernard in 1888." *Oud Holland* 86, no. 2–3 (1971), pp. 142–79.

Salzmann, Siegfried ed. *Dokumentation der durch Auslagerung im 2. Weltkridg vermißtern kunstwerke der kunsthalle Bremen.* Bremen, 1991. In German and Russian.

Saunier, Charles. "Vincent van Gogh." L'endehors, April 24, 1892. Published in translation in Stein 1986, pp. 303–5.

Schwarz, Heinrich. "An Unnoticed Drawing by Vincent van Gogh." *Museum Notes,Museum of Art, Rhode Island School of Design, Providence* 4, no. 4 (April 1946), pp. 2–3.

Silverman, Debora. *Van Gogh and Gauguin: The Search for Sacred Art.* New York, 2000.

Silverman, Debora. "Framing Art and Sacred Realism: Van Gogh's Ways of Seeing Arles." *Van Gogh Museum Journal* 2001, pp. 45–62.

Soth, Lauren. "Van Gogh's Images of Women Sewing." *Zeitschrift fur Kunstgeschichte* 57, no. 1 (1994), pp. 105–10.

Stein, Susan Alyson. "Passage du Puits-Bertin, Clichy." In Signac, 1863–1935, by Marina Ferretti-Bocquillon et al., pp. 118–19. Exh. Cat. New York: The Metropolitan Museum of Art, 2001.

Stein, Susan Alyson, ed. *Van Gogh: A Retrospective.* New York, 1986.

Stein, Susan Alyson. "Van Gogh and Millet." In *Treasures from The Metropolitan Museum of Art: French Art from the Middle Ages to the Twentieth Century*, pp. 39–44. Exh. cat. Yokohama: Yokohama Museum of Art, 1989.

Stolwijk, Chris and Han Veenenbos. *Account Book of Theo van Gogh and Jo van Gogh-Bonger.* Cahier Vincent, no. 8. Amsterdam and Leiden, 2002.

Styles Wylie, Anne. "An Investigation of the Vocabulary of Line in Vincent van Gogh's Expression of space." *Oud Holland* 85, no. 4 (1970), pp. 210–35.

Tellegen-Hoogendoorn, Annet. "Geen panoramalandschap bij Van Gogh." *Bulletin van het Rjiksmuseum* 12, no. 2 (1964), pp. 57–61.

Tellegen-Hoogendoorn, Annet. "Van Gogh en Montmajour." *Bulletin Museum Boijmans-Van Beuningen* 18, no. 1(1967), pp. 16–33.

Thannhauser, Henry."Van Gogh and John Russell: Some Unknown Letters and Drawings." *Burlington Magazine* 73, no. 426 (September 1938), pp. 95–104

The Paintings of Vincent van Gogh in the Collection of the Kröller-Müller Museum. Catlogue by Jos ten Berge et al.; edited by Toos van Kooten and Mieke Rijnders. Otterlo, 2003.

Thomson, Richard "Van Gogh in Paris: The Fortifications Drawings of 1887." *Jong Holland* 3, no. 3 (1987), pp. 14–25.

Tralbaut, Marc Edo. *Van Gogh: Eine Bildbiographie.* Munich, 1958.

Tralbaut Edo, Marc. *Van Gogh, le mal aimé.* Lausanne, 1969.

Tralbaut, Marc Edo. *Vincent van Gogh in Drenthe.* Assen, 1959.

Van Crimpen, Han. "Landschap in Drente, met kanaal en zeilboot, Vincent van Gogh, 1853–1890." *Vereniging Rembrandt. Jaarverslag 1986*, pp. 70–71.

Van Crimpen,Han."New Acquisition." *Van Gogh Bulletin* 2, no. 2 (1987), unpaged.

Van den Eerenbeemt,Herman. "Vincent van Gogh." *Opgang* 4, no. 162 (1924), pp. 265, 268–82.

Van der Wolk, Johannes. *The Seven Sketchbooks of Vincent van Gogh: A Facsimile Edition.* Translated by Claudia Swan. New York, 1987.

Van Gelder, J.G. *De aardappeleters van Vincent van Gogh.* Amsterdam and Antwerp, 1949.

Van Gelder, J.G. "Vincent van Gogh (1853–1890): Gezicht op een industriewijk te Paris." *Openbaar Kunstbezit* 2 (1958).

Van Gogh, Vincent. *Brieven aan zijn broeder; uitgegeven en toegelicht door zijn schoozuster.* Preface and notes by Jo van Gogh-Bonger. 3 vols. Amsterdam, 1914. German ed.: Vincent van Gogh. *Briefe an seinen Bruder; zusammengestelt von seiner Schwägerin, J. van Gogh-Bonger.* Translated by Leo Klein-Diepold. Berlin, 1914.

The Complete Letters of Vincent van Gogh with Reproductions of All the Drawings in the Correspondence. Introduction by Vincent W. Van Gogh. 3 vols. Greenwich, Conn., 1958.

De brieven van Vincent van Gogh. Edited by Han van Crimpen and Monique Berends-Albert. 4 vols. The Hague, 1990.

Van Heugten, Sjraar. *Vincent van Gogh Drawings.*Vol. 1, *The Early Years,* 1880–1883. Amsterdam: Van Gogh Museum, 1996. Published in conjunction with Amsterdam 1996.

Van Heugten, Sjraar. *Vincent van Gogh Drawings.*Vol. 2, *Nuenen,* 1883–1885. Amsterdam: Van Gogh Museum, 1997. Published in conjunction with Amsterdam 1997.

Van Heugten, Sjraar. "Working in Black and White and Colour: Van Gogh's Regard for Tonality and Technique". In *Vincent's Choice: The Musée Imaginaire of Van Gogh,* edited by Chris Stolwijk et al., pp. 123–32. Exh. cat. Amsterdam: Van Gogh Museum, 2003.

Van Meurs, Jan Gerritt Willem. *Isographieën systeem W. van Meurs. Volledige ge°llus-treerde catalogus.* Amsterdam, [1910].

Van Rapprad-Boon, Charlotte,Willem van Gulik, and Keiko van Bremenlto. *Catalogue of the Van Gogh Museum's Collection of Japanese Prints.* Introduction by Tsukasa Ködera. Amsterdam, 1991.

Van Tilborgh, Louis. *The Potato Eaters by Vincent van Gogh / De Aardappeleters van Vincent van Gogh.* Contributions by Dieuwertje Dekkers et al. Cahier Vincent, no. 5. Zwolle, 1993.

Van Uitert, Evert and Michael Hoyle, eds. *The Rijksmuseum Vincent van Gogh.* Amsterdam, 1987.

Vanbeselaere, Walther. *De Hollandsche periode (1880–1885)* *in het werk van Vincent van Gogh (1853–1890).* Amsterdam, [1937].

Vellekoop, Marije and Sjraar van Heugten. *Vincent van Gogh Drawings,. Vol. 3, Antwerp and Paris, 1885–1888.* Amsterdam: Van Gogh Museum, 2001. Published in conjunction with Amsterdam 2001–2.

Vellekoop, Marije and Roelie Zwikker. *Vincent van Gogh Drawings. Vol. 4, Arles Saint Rémy and Auvers-sur-Oise, 1888–1890.* Amsterdam: Van Gogh Museum, 2006. Forthcoming.

Vincent van Gogh. Catalogue of 276 Works in the Collection of the Rijksmuseum Kröller-Müller, Otterlo. [Otterlo, 1974.]

Vincent van Gogh: A Detailed Catalogue of the Paintings and Drawings by Vincent van Gogh in the Collection of the Kröller-Müller National Museum. 4th ed. Otterlo, 1980.

Visser, W. J. A. "Vincent van Gogh en 's-Gravenhage." *Geschiedkundige Vereniging Die Haghe.* Jaarboek 1973, pp. 1–125.

Vogelsang, W. "Tentoonstelling Vincent van Gogh." *Onze Kunst* 4, 2nd semester (1905), pp. 59–68.

Wadley, Nicholas. *Impressionist and Post-impressionist Drawing.* London, 1991.

Wadley, Nicholas. *The Drawings of Van Gogh.* London, 1969.

Waldstein, Agnes, comp. *Museum Folkwang.* Vol. 1, *Moderne Kunst, Malerei, Plastik, Grafik.* Essen, 1929.

Walker, John A. "Van Gogh's Drawing of La Crau from Mont Majour." *Master Drawings* 20 (Winter 1982), pp. 380–85.

Weisbach,Werner. *Vincent van Gogh: Kunst und Schicksal.* 2 vols. Basel, 1949–51.

Wilson, Carol and Catherine Young. "Deux tableaux de Vincent van Gogh identifiés à Auvers-sur-Oise." *Vivre en Val-iOise,* no. 34 (November 1995), pp. 62–65.

Zemel, Carol. "The 'spook' in the Machine: Van Gogh's Pictures of Weavers in Brabant." *Art Bulletin* 67, no. 1 (1985), pp. 123–37

Zemel, Carol. "Sorrowing Women, Rescuing Men: Van Gogh's Images of Women and Family." *Art History* 10, no. 3 (1987), pp. 351–68.

附录 2_ 艺术图片版权声明

梵高博物馆（文森特·梵高基金会），阿姆斯特丹

pp. 2, 3, 4, 6, 8-9, 12, 13, 15, 16, 17, 18, 19, 21, 22, 23, 25, 26, 28, 29, 31, 32-33, 34-35, 36-37 ,39, 43, 45, 46, 50, 51, 52, 54-55, 57, 59, 60, 62, 64-65, 66-67, 69, 70-71, 72-73, 74, 77, 78, 79, 80, 81, 83, 84, 85, 87, 88-89, 91, 93, 94, 97, 98-99, 101, 102-103, 105, 106, 107, 109, 110-111, 112, 114, 115, 116, 117, 118-119, 121, 122, 123, 124-125, 126-127, 127129, 130, 131, 132, 133, 134, 135, 137, 139, 141, 142-143, 145, 147, 148-149, 150, 150-151, 151, 152, 153, 154-155, 156-157, 159, 160, 161, 162, 163, 164, 165, 166, 168-169, 171, 172, 173, 175, 176-177, 179, 181, 182-183, 184-185, 186, 188-189, 190-191, 192-193, 195, 196, 198, 198-199, 201, 202-203, 204-205, 206-207, 209, 213, 214-215, 220, 221, 222-223, 225, 229, 230-231, 232-233, 234, 239, 242, 243, 244, 245, 246-247, 248, 250, 251, 255, 256-257, 259, 260, 261, 262-263, 264-265, 267, 270, 272-273, 274-275, 276-277, 278, 278-279, 281, 282, 283, 284, 285, 287, 288-289, 290-291, 294-295, 296-297, 298, 302-303, 304-305, 306-307, 308, 309, 310-311, 312, 315, 316, 318, 320-321, 322, 323, 324, 326, 327, 328, 329, 330-331, 332-333, 334-335, 336, 337, 338-339

库勒 - 穆勒博物馆，奥特洛，荷兰

pp. 218-219, 227, 240-241, 293

法国国家博物馆联合会 / 艺术资源库，纽约

pp. 317, 319

现代艺术博物馆 / SCALA 数据库授权 / 艺术资源库，纽约

pp. 252, 268-269

耶鲁大学美术馆

pp. 236-237

梵高手稿：畅销纪念版

[美]H.安娜·苏 编

57°N艺术小组 译

图书在版编目（CIP）数据

梵高手稿：畅销纪念版 / (美) H.安娜·苏编；57°
N艺术小组译. -- 北京：北京联合出版公司, 2024.6
ISBN 978-7-5596-7589-7

Ⅰ.①梵... Ⅱ.①H...②5... Ⅲ.①凡高(Van Gogh,
Vincent 1853-1890)－书信集 Ⅳ.①K835.635.72

中国国家版本馆CIP数据核字(2024)第095684号

Van Gogh's Letters: The Mind of
the Artist in Paintings, Drawings,
and Words, 1875-1890

by H. Anna Suh

北京市版权局著作权合同登记号 图字：01-2024-2720 号

出 品 人	赵红仕
选题策划	联合天际·文艺生活工作室
责任编辑	管 文
特约编辑	邵嘉瑜 李鹏程
装帧设计	艾 藤

关注未读好书

出 版	北京联合出版公司
	北京市西城区德外大街83号楼9层 100088
发 行	北京联合天畅文化传播有限公司
印 刷	北京雅图新世纪印刷科技有限公司
经 销	未读（天津）文化传媒有限公司
字 数	100 千字
开 本	889 毫米 × 1194 毫米 1/16 23 印张
版 次	2024 年 6 月第 1 版 2024 年 6 月第 1 次印刷
I S B N	978-7-5596-7589-7
定 价	188.00 元

客服咨询